Peter Wohlleben

WALD OHNE HÜTER

Für Miri

Peter Wohlleben

Wald ohne Hüter

Im Würgegriff von Jagdinteressen und Forstwirtschaft

Ein Förster erzählt

adatia Verlag

Bilbliografische Information der Deutschen Bibliothek
Die Deutsche Bibliothek verzeichnet diese Publikation in der Deutschen Nationalbibliografie; detaillierte bibliografische Daten sind im Internet über http://dnb.ddb.de abrufbar

FSC

Dieses Buch wurde auf FSC-zertifiziertem Papier gedruckt.

Erweiterter und ergänzter Nachdruck Mai 2010
Veröffentlicht im adatia Verlag Marion Zartner
Sankt Augustin

Umschlaggestaltung: mediengestaltung Just, Essen
Autorenfoto: Miriam Wohlleben
Satz und Herstellung: ce redaktionsbüro für digitales publizieren, Köln

ISBN 3-978-3-940461-01-8

Inhalt

Vorwort

Einer der letzten Urwaldriesen fällt rauschend zu Boden. Mit ihm verschwinden zahlreiche Tier- und Pflanzenarten. Schachbrettartige Plantagen mit fremden Baumarten beanspruchen plötzlich tausende von Quadratkilometern. Großmaschinen, die das Holz ernten, hinterlassen auf Jahrzehnte verwüsteten Boden. Insekten, die in diesen tristen Monokulturen siedeln, werden mit der Giftspritze bekämpft. Riesige Herden von Rotwild durchstreifen die Plantagen, die die Besitzer dieser Gebiete nutzen, um sich in ihrer Freizeit jagdlich zu vergnügen. Die zum Zwecke der Jagd kräftig vermehrten Tiere fressen auch noch den letzten Sämling der heimischen Baumarten, sodass dem Urwald keine Chance auf Wiederkehr bleibt. Zwar gibt es Gesetze, die den alten Wald schützen sollen, sie werden aber nicht beachtet. Auch deswegen nicht, weil Organe des Staates selbst in diese Prozesse verstrickt sind.

Sicher berichte ich Ihnen damit nichts Neues, fast täglich erscheinen in den Medien Nachrichten über die Zerstörung der Natur in der Dritten Welt. Aber ich erzähle Ihnen hier gar nichts von fernen Ländern: Wir sprechen von Deutschland!

Still und heimlich musste der heimische Buchenurwald Industrieplantagen aus Nadelbäumen Platz machen. Die Folgen für das, was wir gutgläubig als „Natur“ bezeichnen, sind desaströs. Und obwohl Sie doch sicher diese Behandlung des Waldes ablehnen, hält eine Allianz aus Jägern und Forstverwaltungen das grüne Drittel unseres Landes im Würgegriff. Bevor Sie hierzu detaillierte Hintergründe von mir erfahren, möchte ich mich Ihnen kurz vorstellen. Seit über fünfzehn Jahren leite ich einen ökologisch wirtschaftenden Forstbetrieb in der Eifel, der den Weg zurück zum Buchenurwald beschreitet. Zunächst als staatlicher Beamter tätig, kündigte ich nach 23 Jahren Dienst und bewirtschafte jetzt das Revier als Angestellter der waldbesitzenden Gemeinde. Etwa 1300 Besucher jährlich lassen sich von mir die ökologische Wirtschaftsweise erklären. Auch Sie möchte ich gerne auf den folgenden Seiten literarisch durch den Wald führen und Ihnen den Hauptdarsteller dieses Buches, die Buche, näher bringen. Sie war die heimliche Herrscherin des Landes. Buchenurwälder bedeckten in der Vergangenheit den größten Teil Deutschlands. Auch an der Stelle, an der Sie jetzt dieses Buch lesen, standen wahrscheinlich einst diese grünen Riesen. Und wenn Sie die Lektüre beendet haben, werden Sie Wald, Jagd und Forstwirtschaft mit anderen Augen sehen.

Buchenwald und Buchenleben

Ein Baum entsteht

Alles beginnt im Frühling. Nach der Winterruhe ist es wieder Zeit für das Liebesspiel der Buchen. Über und über sind die Zweige mit unscheinbaren, pelzigen Blüten bedeckt. Buchen sind einhäusig, d. h. jeder Baum beherbergt zugleich männliche und weibliche Blüten. Gelbgrüner Blütenstaub weht durch die Luft und bedeckt den Boden unter den Bäumen. Nicht Insekten, sondern der Wind sorgt dafür, dass die Pollen der Buchen ihre Blüten gegenseitig bestäuben. Normalerweise liegt der Abstand zwischen zwei Blütenjahren bei etwa vier bis fünf Jahren, da die Fruchtbildung sehr anstrengend für die Bäume ist. Sie brauchen danach erst einmal wieder eine längere Verschnaufpause. Doch durch Luftverschmutzung und Klimaveränderung geraten viele Buchen unter Stress und Zeitdruck, da ihre natürliche Lebenserwartung drastisch sinkt. Aus Sorge, der eigene Tod könnte die Weitergabe ihrer Gene verhindern, blühen etliche unter ihnen selbst dann, wenn sie vor Schwäche nur noch mickrige Blättchen bilden können. Durch die Blüte werden sie zwar weiter ausgelaugt, haben aber ihr Ziel erreicht: sich zu vermehren.

Nach der Bestäubung reifen tausende von Bucheckern an jedem Baum heran. Ein warmer, sonniger Sommer, von genügend Regen unterbrochen, sorgt dafür, dass jede Buchecker ein Samen mit einer ordentlichen Energiereserve wird. Bis zu 50 Prozent beträgt der Anteil an Öl in diesen kleinen Kraftpaketen. Im Herbst, kurz vor dem Abfallen der Eckern, besuchen große Schwärme von Bergfinken den alten Wald, um sich ihren Teil an der Ernte zu holen. Aber auch Buchfinken, Kleiber und über 20 andere Vogelarten bedienen sich an diesem Reichtum der Natur.

In früheren Jahrhunderten trieben die Menschen Hausschweine in die Laubwälder, damit sich diese an den Eicheln und Bucheckern dick und fett fressen konnten, bevor sie geschlachtet wurden. Noch aus dieser Zeit des Mästens von Haustieren mit den Baumsamen bezeichnet man Jahre mit vielen Bucheckern als „Mastjahre". Diese Praxis wurde vielerorts im 19. Jahrhundert verboten, weil sie den Wald durch Trittschäden und Nährstoffentzug schädigte. Auf die herabfallenden Bucheckern warten aber selbst heute noch die wilden Urahnen unseres Borstenviehs, die Wildschweine. Eichhörnchen, Eichelhäher, Mäuse, Rehe und Hirsche freuen sich ebenfalls auf diese Mahlzeit von oben. Doch die alten Buchen haben vorgesorgt. Millionenfach fallen die reifen Samen auf den weichen Laubboden, sodass trotz der vielen Mäuler eine genügend große Zahl unbeachtet bleibt. Manchmal im Spätwinter, spätestens aber im beginnenden Frühjahr, keimen die

Sämlinge und strecken ihre zarten Wurzeln dem Boden entgegen. Zielstrebig finden sie ihren Weg tiefer in die Erde, und nach oben entfalten sich die zwei ersten Blättchen, die Keimblätter. Sie sehen noch gar nicht nach Buche aus, sondern erinnern eher an einen grünen Schmetterling. Tausende dieser kleinen Falter bedecken den Boden um ihren Elternbaum. Aber auch jetzt ist die Gefahr für die Buchenkinder noch lange nicht ausgestanden. Das frische Grün ist wie leckerer Salat und verschwindet in großen Mengen in den Mägen hungriger Rehe. Um ihrem Nachwuchs gegen die Gefahr, die von den vielen Mäulern ausgeht, zu helfen, geschieht Erstaunliches: Die Mutterbäume lassen ihre Wurzeln mit denen der Sämlinge verwachsen. Über den damit geschlossenen Wurzelkreislauf leiten sie Zuckerlösung zu ihrem Nachwuchs, der so viel schneller wachsen kann. Das Ziel ist allerdings nicht, möglichst zügig groß zu werden, sondern rasch holzige Zellen auszubilden, damit die Attraktivität für Pflanzenfresser sinkt. Aus winzigen „Salatschmetterlingen“ werden so zwar immer noch kleine, dafür aber zähe, bittere Buchenkinder.

Für diese beginnt nun eine lange Zeit des geduldigen Wartens. In kleinen und größeren Gruppen, meist zu einigen Hundert, stehen sie im Schatten ihrer Eltern und es passiert jahrzehntelang nur sehr wenig. Und das wollen die Eltern so. Denn ihr Interesse ist, dass die Kleinen besondere Eigenschaften bekommen. Dazu drosseln sie mit ihren Blättern das einfallende Sonnenlicht so stark ab, dass in Bodennähe kaum noch etwas ankommt. Was für das menschliche Auge immer noch hell aussieht, reicht in Wirklichkeit kaum noch einer Pflanze zum Überleben. Die Buchensämlinge können mit sehr wenig Licht auskommen; für ein nennenswertes Wachstum ist das Halbdunkel jedoch nicht geeignet. Doch durch diese Umstände bildet die Baumjugend ein dichtes, zähes, biegsames Holz in ihren Stämmchen. Stürme in späteren Lebensabschnitten bedeuten für gut „erzogene“ Bäume kein ernsthaftes Problem mehr, da ihr Stamm heftige Winde abfedern kann, ohne zu brechen. Auch Pilze können dieses Holz kaum befallen, da es sehr dicht ist und wenig Luft enthält. Selbst großflächige Rindenverletzungen in der Jugend stellen so später keinen dauerhaften Schaden für den Baum dar, da er die Wunden wieder schließen kann, ohne dass sein Stamm befallen worden ist und fault.

Tausende dieser Jungbuchen warten nun viele Jahrzehnte auf ihre Chance. Manchmal stirbt eine alte Buche in der Nähe des Mutterbaumes an Altersschwäche, sodass durch die entstehende Lücke etwas mehr Licht in den dunklen Kindergarten fällt. Dadurch können die kleinen Buchen vorübergehend etwas weiter in die Höhe wachsen. Vorübergehend deshalb, weil die Altbuchen in unmittelbarer Nachbarschaft des abgestorbenen Baumes sofort die Gelegenheit ergreifen und ihre Äste in die Lücke wachsen lassen. Diese Fähigkeit, noch in hohem Alter die Krone vergrößern zu können, ist eine Besonderheit der Buche. Nach etwa 20 Jahren haben die Nachbarn die entstandene Lücke geschlossen, und es wird wieder dunkler im Wald.

Auch wenn zwischendurch die Chance besteht, etwas weiter zu wachsen, wirken die Elternbäume durch den Schatten ihrer Blätter weiter erziehend auf ihren Nachwuchs ein. Das

Ziel: ein gerader Wuchs. Gerade gewachsene Bäume haben den Vorteil, dass die Holzfasern im Stamm gleichmäßig verlaufen. Krumme Bäume können zwar auch überleben, aber der schiefe Wuchs bewirkt, dass der Schwerpunkt des Baumes nicht mehr in der Mitte des Wurzeltellers liegt. Zudem wirken durch einen langen, schiefen Stamm enorme Hebelkräfte auf den Übergang von Wurzel zu Stamm. Die Buche kann dies, wie viele andere Bäume auch, durch die Bildung von Druckholz auf der Seite, zu der der Baum sich neigt, oder Zugholz auf der gedehnten Seite, ausgleichen. Druckholz ist enorm dicht und verträgt dadurch hohes Gewicht, während Zugholz wie Spannseile für einen hohen Mast wirkt. Zudem verbreitert der Baum an der druckbelasteten Seite die Jahresringe, um eine größere Auflagefläche zu haben. Er steht dadurch nun genauso stabil wie ein gerades Exemplar – aber nur bei Windstille. Bei Sturm bewirkt das ungleich aufgebaute Holz im Stamm enorme Spannungen, da es unterschiedlich stark federt. Wird der Sturm zu stark, bricht der Stamm entzwei, während eine gerade Buche bei gleicher Sturmstärke mühelos hin- und herschwankt, ohne Schaden zu nehmen. Abgebrochene Bäume im Wald signalisieren Ihnen also ihre schlechte Erziehung.

Wie gelingt nun aber das gerade Heranwachsen der Jungbuchen? Das Geheimnis liegt in der Kombination von elterlichem Schattenwurf und der großen Anzahl des Nachwuchses auf kleinster Fläche. Keine der kleinen Buchen darf sich einen Fehler erlauben. Ein Fehler, das hieße Abweichung von einem absolut geraden Wuchs nach oben. Natürlich benimmt sich nicht jeder Zögling perfekt, aber die Konsequenzen lassen nach Baummaßstäben nicht lange auf sich warten. Wachsen sie mit ihrem obersten Trieb, dem Leittrieb, krumm, so werden sie von den Nachbarbäumchen langsam überholt. Da das Dämmerlicht sowieso kaum zum Überleben reicht, ist eine Existenz unter den anderen Jungbäumen nicht mehr möglich. Krummen Exemplaren wird also regelrecht das Licht ausgeknipst und allmähliches Sterben ist die Folge. Aus einem Kegel von Hunderten kleiner Buchen überlebt oft nur ein einziges Bäumchen, welches sich häufig schon im Frühstadium dieses Prozesses hervorhebt. Dieses Hervorheben ist wörtlich zu nehmen, denn diese Jungbuche ist höher als alle anderen und hat ein dickeres Stämmchen. Nach 100 Jahren sind von den vielen Mitstreitern nur noch etwa zwei Prozent übrig, die sich um den Gewinner herum gruppieren. Sie haben keine nennenswerte Chance mehr, ein großer Baum zu werden. Aber auch so tragen die Verlierer noch zum Wohl der Buchengemeinschaft bei. Durch ihre Blätter in Bodennähe bremsen sie jede Luftbewegung und verhindern Sonneneinstrahlung. Während ein warmer Sommerwind die meist eintönigen Fichtenwälder regelrecht trocken föhnt, bleibt die Bodenfeuchtigkeit in Buchenwäldern, in denen junge und alte Bäume zusammen stehen, selbst in trockenen Sommern erhalten. Zudem werden nach dem Absterben überzähliger Jungbuchen aus deren Körpern wertvolle Humusstoffe gebildet, die den überlebenden Bäumen durch verbesserte Bodeneigenschaften eine erhöhte Lebenskraft verleihen.

Die ausgewählte junge Buche, nun immerhin schon 100 Jahre alt, wartet wohlerzogen im Schatten des Mutterbau-

mes auf ihre Stunde. Und über dieses Warten können durchaus weitere Jahrzehnte verstreichen. Dermaßen geduldige Jungbuchen erkennen Sie als Waldspaziergänger daran, dass diese Bäume keinen deutlichen Höhentrieb mehr haben. Sie bleiben quasi stehen und wachsen mit ihren Ästen nur noch zur Seite. Teilweise ist der Baum von Astspitze zu Astspitze sogar breiter als er hoch ist. Die Jungbuche scheint erkannt zu haben, dass es sinnvoller ist, mit allen Kräften das schwache Licht in Bodennähe aufzufangen, als vergeblich zu versuchen an Höhe zu gewinnen. Dazu bildet sie besonders lichtempfindliche Blätter, die, würden sie der direkten Sonne ausgesetzt, unweigerlich Schaden nähmen. Weiter nach oben geht es erst, wenn die Mutterbuche Platz macht. Und das geschieht erst nach ihrem Tod. Ist es eines Tages soweit, dann kann der teilweise schon über 150 Jahre alte Nachwuchs weiterwachsen, als wäre er noch im Kindesalter. Das tatsächliche Alter spielt im ursprünglichen Wald also keine Rolle, man ist als Baum quasi so jung, wie man sich fühlt.
In meinem Revier gibt es ein außergewöhnliches Baumpaar. Der eine, ein mächtiger Riese von 40 Metern Höhe, ist etwa 200 Jahre alt. Unmittelbar daneben steht ein kleines, schmächtiges, vier Meter hohes Kerlchen. Geschätztes Alter: 150 Jahre! Als Waldbesucher können Sie also nicht von der Dicke eines Baumes auf sein Alter schließen. Hatte der Baum durch besondere Umstände von Jugend an viel Platz und Licht, so ist er schon mit 100 Jahren groß und mächtig. Das schmächtige Kerlchen ist aber eher der Normalfall; im Schatten wartend steht es quasi noch vor der Pubertät.

Buchenschule

Lebenslanges Lernen – das ist die Devise vieler Arbeitgeber, die ihre Mitarbeiter zu Fortbildungen motivieren möchten. Klar, man bleibt „up to date"; und man möchte ja auch etwas dazu lernen. Was für uns gilt, ist auch für die Buche selbstverständlich. Nur wie soll das gehen? Ein Baum hat schließlich kein Gehirn! Aber lernen können sie trotzdem, die Buchen.

So zeigen zum Beispiel Untersuchungen, dass sie nach besonders trockenen Jahren anders mit Wasser umgehen. Nach dem trockenen „Jahrhundertsommer" 2003 war deutlich zu sehen, dass es Bäumen, die bisher in Bezug auf Wasser in Saus und Braus gelebt hatten, besonders schlecht ging. Sie hatten bis dato immer genügend Wasser zur Verfügung und dementsprechend auch keinen Grund gehabt, sparsam damit umzugehen. Diejenigen hingegen, die in trockeneren Bereichen aufgewachsen waren, wussten sich das knappe Gut besser einzuteilen, da sie immer wieder Zeiten mit Wassermangel überstehen mussten und auf solche Situationen eingestellt waren. Obwohl gerade in diesen Ecken der Boden zuerst austrocknete, haben die dortigen Bäume das Jahr 2003 besonders gut überstanden. Aber auch die anderen Buchen haben ihre Lektion jetzt gelernt. Bei der nächsten Trockenperiode drosselten sie schon zu Beginn den Wasserverbrauch, sodass sie selbst längere Durststrecken ohne Schaden verkrafteten. Ein weiteres Beispiel: Wind ist ab einer gewissen Stärke naturgemäß ein Problem für Buchen. Wird er zu stark, kann der Baum umfallen und sein Leben ist beendet. Über die

Jahre hinweg wird der Baum mit den unterschiedlichsten Stürmen konfrontiert, die aber in der Regel gehäuft aus einer Hauptrichtung auftreten. Für den Baum heißt das, dass er immer wieder in eine Richtung gedrückt wird. Diese starken Bewegungen führen zu Verletzungen. Im Stamminnern treten mikroskopisch kleine Risse auf, und bei besonders starker Biegung kann das Holz von innen heraus bis an die Rindenoberfläche platzen. Durch solche schmerzhaften Erfahrungen lernt der Baum, dass man sich gegen Stürme absichern sollte. Wenn Sie jemand umzuwerfen versucht, werden Sie sich, falls möglich, abstützen. Warum sollte der Baum das anders machen? Aber an wem oder wo? Er macht es nicht mit den Armen, sondern gewissermaßen mit den Beinen, seinen Wurzeln. An der windabgewandten Seite, zu der er sich zu biegen und zu fallen droht, bildet er sogenannte Stützwurzeln. Das sind deutlich verlängerte und erhöhte Wurzeln, ähnlich den Stützpfeilern an alten Kirchenmauern, die den Stamm vor dem Umfallen bewahren. Achten Sie einmal bei Bäumen, die besonders dem Wind ausgesetzt sind, auf solche Konstruktionen. Sie zeigen Ihnen, woher der Wind an diesem Punkt hauptsächlich weht.

Die Lernfähigkeit der einzelnen Buche bestimmt letztlich auch ihre Lebensspanne. Bei alten, über 150-jährigen Exemplaren können Sie sicher sein, Musterschüler vor sich zu haben. Seit dem 19. Jahrhundert hat es Veränderungen des Klimas, viele Stürme und Trockenperioden sowie zahlreiche Eingriffe des Menschen im Wald gegeben. Wer das alles bei guter Gesundheit überlebt hat, stellt sich durch sein bloßes Vorhandensein ein gutes Zeugnis aus.

Steckbrief

Es wird Zeit, dass ich Ihnen unseren Hauptdarsteller, die Buche, einmal genauer vorstelle. Wissenschaftlich korrekt heißt sie „Rotbuche“ *(Fagus Sylvatica)*. Der Name leitet sich vom leicht rötlich-braunen Holz ab. Eines der Hauptkennzeichen ist die silbergraue, glatte Rinde. Die Blätter haben einen glatten Rand und unterscheiden sich damit deutlich von der Hainbuche, die übrigens zu den Birkengewächsen zählt. Mit einer Wuchshöhe von 40 Metern und einem Kronendurchmesser von 20 Metern ist ein ausgewachsenes Buchenexemplar ein beeindruckender Waldbewohner. Das natürliche Alter in Urwäldern beträgt bis zu 400 Jahre. Mit ihren über 200.000 Blättern produziert sie fünf bis zehn Kilogramm Sauerstoff pro Tag, das reicht für die Versorgung von 10 Menschen. Im Verbund mit den anderen Laubbäumen auf der nördlichen Erdhalbkugel sagt man ihr etwas Unglaubliches nach: Jedes Jahr im Frühjahr wird mit dem Austrieb der Blätter die Erdumdrehung gebremst. Es sind zwar nur Bruchteile einer Sekunde, und dieses Abbremsen wird durch andere Phänomene überdeckt, aber da mehr Bäume auf der Nord- als auf der Südhalbkugel wachsen, scheint diese größere Biomasse ihren Einfluss zu haben. „Pirouetteneffekt“ wird das Ganze genannt, weil das Laub in den Baumkronen wie bei einer Eiskunstläuferin, die ihre Arme ausstreckt, den Schwerpunkt der Erde nach außen verlagert.

Eine Buche verbraucht im Sommer teilweise über 100 Liter Wasser pro Tag. Und wie sie diese Menge transportiert, ist bis heute nicht vollständig geklärt. Zwar kennt man einige Mechanismen, aber diese reichen in der Summe nicht aus, alle Vorgänge zu erklären. Von der Wurzel bis zur Spitze wäre, wollte der Mensch den Vorgang mit einer Pumpe übernehmen, eine Druckausübung notwendig, die Reifen platzen lassen würde. Die Erklärungsmodelle beginnen mit den Wurzeln. Diese können aktiv Wasser in den Baum pressen. Dann gibt es die Leitungen nach oben, das sind dünne Röhrchen, quasi wie Strohhalme. Und ähnlich wie bei diesen steigt das Wasser in den Leitungen gewisse Strecken durch die sogenannte Kapillarkraft „von alleine". Dieselbe Kraft wirkt in Ihrer Kaffeetasse, da zieht die Kapillarkraft den Kaffee am Rand leicht in die Höhe. Beim Baum wirkt dann auch noch der Verdunstungseffekt. Die Blätter geben mit ihren Atemöffnungen Wasserdampf ab, und dadurch wird Wasser durch die Leitungen nachgesaugt. Und dass alles zusammen soll erklären, wie Buchen ihr Wasser in Höhen von 40 Metern transportieren? Was passiert denn im Frühjahr, wenn der Baum noch keine Blätter hat, da er sie erst noch neu bilden muss, und diese somit keinen Saugeffekt ausüben können? Ist der Wassertransport dann besonders langsam? Ganz im Gegenteil, das Wasser schießt zu dieser Zeit mit einem solchen Druck durch den Stamm, dass man es sogar mit einem angelegten Stethoskop hören kann[1]. Diese Beobachtung macht eine Erklärung des Wassertransports in der Buche noch schwieriger, und so bleibt dieses Geheimnis also noch zu lüften.

Die Buche wächst mit ihrem Stamm in die Breite und Höhe und bildet dabei in der Mitte ihres Lebens täglich über ein

Kilogramm Holz. Im Frühjahr werden die Holzzellen groß und mit dünnen Zellwänden gebildet, im Sommer dagegen klein und dick. Dadurch erscheint das Sommerholz dunkler und es bildet sich ein sichtbarer Ring. Über die unterschiedlich breiten Jahresringe im Stamm lässt sich das Leben einer Buche später genau nachvollziehen. Ging es ihr gut, sind die Jahresringe breiter, ging es ihr schlecht, sind sie schmaler. Dürrejahre und Krankheiten lassen sich mit einem Blick auf das Holz später ebenso nachvollziehen wie, für Buchen, schön kühle, regenreiche Sommer. Im Gegensatz zu vielen anderen Baumarten verträgt die Buche enorm viel Schatten und kann außerdem in hohem Alter immer weiter wachsen. Auch wenn andere Baumarten vorübergehend Platz beanspruchen, können Buchensamen darunter keimen. Die kleinen Pflanzen wachsen immer weiter unter den fremden Bäumen, bis sie schließlich in deren Krone eindringen und sich darüber schieben. Die überwachsene Baumart stirbt an Lichtmangel; die Buche hat das Rennen gewonnen. Durch dieses zugegebenermaßen etwas rücksichtslose Vorgehen bestehen Buchenurwälder in der Regel nur aus Buchen. Mit ihren Wurzeln lockern sie den Boden auf, und ihr Laub wird mit Hilfe von Bodenlebewesen zu einer besonders guten Art von Humus. Wegen dieser günstigen Eigenschaften, von denen direkt oder indirekt alle Waldbewohner profitieren, nennt man die Buche auch die „Mutter des Waldes“.

Eines kann die Buche allerdings nicht: Spaziergänger vor Blitzen bei Gewittern im Wald bewahren. Der bekannte Spruch „Buchen sollst Du suchen, Eichen sollst Du weichen“

hilft einem bei der Entscheidung, wo Schutz zu suchen ist, nicht weiter. Vom Blitz werden Sie im Zweifelsfall unter beiden Baumarten getroffen. Die alte Weisheit rührt von der Beobachtung her, dass man schon viele vom Blitz zerfurchte Eichen, aber keine solchermaßen beschädigten Buchen fand. Folgerichtig empfahl man für den Schutz letztere Art. Ein Trugschluss, wie sich herausstellte. Bei Eichen sieht man einfach besser, ob sie einen Blitzschlag erleiden mussten. Das Geheimnis liegt im Regenwasser. Jedes Gewitter wird in der Regel von mehr oder weniger heftigen Niederschlägen begleitet. Dieses kühle Nass rinnt am Stamm herab zu Boden. Dabei kommt eine besondere Eigenschaft der Eiche zum Tragen. Sie hat eine raue, rissige Rinde. Der herabfließende Wasserfilm wird dadurch immer wieder unterbrochen, es bilden sich winzige, tropfende Wasserfälle. Schlägt nun ein Blitz in den Baum, so sucht sich die elektrische Gewalt den geringsten Widerstand auf dem Weg zum Boden. Wasser leitet den Strom nun mal besser als Holz, daher läuft das Himmelsfeuer zunächst entlang des Wasserfilms. Ist dieser jedoch unterbrochen, geht die Fahrt durch das feuchte Holz weiter. Dabei entsteht eine solche Hitze, dass das Wasser im Stamm explosionsartig verdampft und Holzsplitter abplatzen. Eine regelrechte Blitzrinne kennzeichnet die so malträtierte Eiche zukünftig deutlich. Die Buche mit ihrer glatten Rinde hat das nicht zu befürchten. Auf ihrer Oberfläche bildet der Regen eine durchgehende feuchte Schicht. Wird sie nun getroffen, gleitet der Blitz auf dem glatten, geschlossenen Wasserfilm ins Erdreich, ohne den Baum zu beschädigen.

Die Sprache der Buchen

Wenn ich bei meinen Waldführungen mit Schulklassen den Kindern erzähle, dass sich Buchen unterhalten können, kommen fröhliche Vorschläge, wie das gehen könnte. Da wird zunächst vermutet, dass sich die Bäume mit den Ästen zuwinken. Häufig geäußert wird auch die Idee, man raschele sich als Buche mit dem Laub gegenseitig Botschaften zu. Gebe ich Erwachsenen dieses Stichwort, wird zunächst gelacht. Was erzählt der Förster denn da für einen „Blödsinn"? Zugegeben, es klingt ja auch wie aus dem Reich der Märchen und Mythen. Wir können uns einfach nicht vorstellen, dass Bäume reden. Und wenn wir uns etwas nicht vorstellen können, dann suchen wir auch erst gar nicht nach Beweisen dafür. Erstaunlicherweise haben Wissenschaftler trotzdem danach gesucht, und zwar durch folgenden Anlass:

In der afrikanischen Savanne, die mit Schirmakazien, einer Laubbaumart, besiedelt ist, wurde beobachtet, dass die dort lebenden Gazellen nicht an mehreren nebeneinander stehenden Akazien fressen, sondern nur an einer einzigen. Daraufhin wandern sie 50 bis 100 Meter weiter, und dann erst kommt der nächste Snack. Von den Schirmakazien war bereits bekannt, dass sie zur Abwehr gefräßiger Tiere Tannin in die Blätter einlagern können. Diese schmecken dadurch schlecht und werden ungenießbar. Allerdings dauert das etliche Minuten, und in dieser Zeit könnte man als Gazelle schon einiges verputzen. Es konnte gemessen werden, dass die Nachbarbäume fast zeitgleich mit der angeknabberten Akazie ebenfalls Abwehrstoffe in die Blätter einlagern. Nun, offensichtlich haben die Gazellen das gelernt und gehen folglich erst wieder etwas weiter weg an die nächste Akazie. Aber woher wissen die Nachbarbäume, dass Gefahr durch Gazellen droht? Die Wissenschaftler fanden schließlich heraus, dass der zuerst befressene Baum ein Gas, Ethylen, ausstößt, welches die Nachbarn warnt, sodass diese gleichzeitig mit dem befressenen Baum Tannin in ihre Blätter einlagern und damit ungenießbar machen können.

Jahre später entdeckte man auch bei nordamerikanischen Douglasien, einem Nadelbaum, ein solches Warnsystem. Hier dient es der Abwehr von Borkenkäfern. Mittlerweile ist zum Thema Pflanzenkommunikation weiter geforscht worden, und man kennt schon über einhundert verschiedene Mechanismen, mit denen Pflanzen sich verständigen. Darunter sind sogar solche, mit denen Hilfe gegen bestimmte Raupen herbeigerufen werden kann, indem die befallene Pflanze Locksignale für die Fressfeinde dieser Raupen, beispielsweise Schlupfwespen, ausstößt. Vielleicht sind sogar alle Pflanzen in der Lage, sich mitzuteilen[2]. Aber noch ist es für uns Menschen schwierig, das als vollwertige Verständigung zu akzeptieren. Tieren traut man ja schon allerhand zu, die Vorstellung von intelligenten Delfinen, Affen, Pferden, Hunden und Katzen ist für uns kein Problem. Auch die Hirngröße scheint nicht mehr das Maß aller Dinge, Vogelhirne sind beispielsweise zwar sehr klein, aber anders und möglicherweise äußerst effektiv konstruiert. So effektiv, dass man einigen von ihnen mittlerweile sogar die Intelligenz von Affen bescheinigt[3]. Und was ist nun der große Unterschied zwischen Tieren und Pflanzen? Rein wissenschaftlich betrachtet produzieren Pflanzen ihre Nahrung selber. Mehr ist es im Grunde nicht. Aber ist diese Einteilung von Lebensformen nicht auch eine Wertung? Tiere gelten im Vergleich zu Pflanzen als höhergestellte Mitgeschöpfe. Mitgefühl für Pflanzen beansprucht im heutigen Denken wenig Raum. Natürlich finden die meisten Menschen ökologische Landwirtschaft besser als konventionelle. Und Fleisch von toten Tieren, gar aus Massentierhaltung, lehnen viele ab. Aber auch Pflanzen haben Empfindungen. „Es zeichnet sich ab, dass die Regulierung der pflanzlichen Abwehr in ihrer Komplexität der des tierischen Systems in nichts nachsteht.“, so Prof. Dr. Wilhelm Boland vom Max-Planck-Institut für chemische Ökologie in Jena[4].

Selbstverständlich können auch unsere Buchen auf Bedrohungen und andere Situationen reagieren. Aber Bäume haben, wie alle Pflanzen, kein in unserem Sinne gestaltetes Gehirn. Man könnte daher geneigt sein, die chemische Sprache der Buchen als reflexhaftes Ausstoßen von Duftstoffen zu bezeichnen, auf das die Nachbarn ebenfalls automatisch reagieren. Könnte man auch die menschliche Kommunikation so beschreiben? Als hormongesteuertes Ausstoßen von Schallwellen, auf das die Empfänger ebenfalls instinktiv reagieren? Natürlich ist es nicht so, zumindest in den allermeisten Fällen nicht. Aber wie sollte man dann die Vorgänge bei Bäumen erklären?

Für die Wissenschaft ist es am einfachsten, Reaktionen auf Reize, meist Schmerz, zu untersuchen. Bei Pflanzenkommunikation drehen sich die meisten erforschten Signale daher um Abwehr von Fressfeinden und Angriff auf den Körper. Wir kennen bis jetzt also überwiegend Hilferufe. Stellen Sie sich vor, wie Außerirdische unsere Zivilisation beurteilen würden, wenn sie nur ähnlich wenig über uns wüssten. Vielleicht können Buchen, und auch andere Pflanzen, viel, viel mehr. Aber wie sollte man zum Beispiel ein „Wohlfühlgrummeln" entschlüsseln? Wie sollte eine Messanordnung dafür aussehen? Und doch könnte es das geben.

Stellen Sie sich vor, Sie hätten für Ihren nächsten Waldspaziergang die Wahl. Entweder Sie verbringen Ihren Sonntagnachmittag in einer Fichtenplantage, oder Sie können Ihre Schritte durch einen alten Buchenwald lenken. Ich wette, die Wahl fällt auf den Buchenwald. Viele Menschen empfinden alte Buchenwälder als angenehmer, mit besserer Luft und „Atmosphäre". Aber warum? Natürlich könnte man sagen, dass alte Laubbäume schöner sind, und über Geschmack kann man ja bekanntlich nicht streiten. Ich denke, es könnte etwas anderes dahinter stecken.

Wir Menschen sind ja, geschichtlich betrachtet, über Tausende von Jahren in einer Waldumgebung geformt worden. Möglicherweise haben wir noch einen etwas verschütteten Sinn für die Geruchsbotschaften der Bäume. Wenn Buchen sich wohl fühlen, teilen sie das vielleicht ihrer Umgebung mit. Zumindest stoßen sie keine chemischen Hilferufe aus. Die Fichten unserer Plantagenwälder jedoch, die sich fern der Heimat befinden, sind im Gegensatz hierzu in bedauernswerter Lage. Auch ohne Klimawandel ist es ihnen bei uns zu heiß und zu trocken. Dadurch anfälliger, laufen sie stets Gefahr, von Borkenkäfern oder Pilzen überfallen zu werden. Da auch Fichten sich gegenseitig warnen können, hallen wahrscheinlich in einer solchen Plantage ständig Warnrufe durch den Wald, die unsere Nase auffängt. Und das klingt, oder besser riecht, sicher nicht nach Wohlfühl-Atmosphäre. Die Fichten- und Kiefernwälder in ihrem ursprünglichen Verbreitungsgebiet, beispielsweise Skandinavien, wirken dagegen viel angenehmer, gewissermaßen ausgeglichener. Dort sind sie ja auch zu Hause, hier geht es ihnen gut. Natürlich ist die Wirkung der Warnbotschaften von Bäumen auf den Menschen noch Spekulation. Aber vielleicht ist es nicht falsch, wenn wir uns doch wieder etwas mehr auf unsere Gefühle verlassen. Gewissheiten auf emotionaler Grundlage sind in der Vergangenheit häufig belächelt worden, viele von ihnen wurden später wissenschaftlich bestätigt.

Eine Baumliebe

Aus dem vorherigen Kapitel ergibt sich, dass der Empfindungs- und Kommunikationsreichtum von Pflanzen größer ist als vielleicht gedacht. Damit ist die Palette aber noch nicht vollständig. Auch Bäume können sich lieben – oder hassen. Die Kiefer ist dafür bekannt, dass sie mit ihren Wurzeln sogar eine Art chemischen Krieg vom Zaun bricht. Sie versucht damit Pflanzen anderer Art aus ihrem Wurzelbereich zu verbannen, um Nährstoffe, Wasser und Licht ausschließlich für sich und ihresgleichen zur Verfügung zu haben. Dazu sondert die Kiefer Substanzen aus ihren Wurzeln ab, die artfremde Individuen im Extremfall sogar töten können.

Etwas ganz anderes und noch Erstaunlicheres ist hingegen die Baumliebe, eine Liebe platonischer Art. Dass sich zwei Bäume finden, die zueinander passen und sich mögen, ist relativ unwahrscheinlich. Bäume können naturgemäß ihren Standort nicht verändern. Damit scheidet auch eine aktive Partnerwahl weitestgehend aus. Der lebenslange Standort ist dort, wo die Buchecker keimt. Und somit kommt als Partner nur in Frage, wer in unmittelbarer Nachbarschaft aufwächst. Daher ist es nicht verwunderlich, dass nur in einem von 50 Fällen Bäume in inniger Freundschaft leben. In Ausnahmefällen kommen sogar Freundschaften zwischen verschiedenen Baumarten, etwa zwischen Eiche und Buche, vor. Bei der besonders sozial eingestellten Buche ist die Quote deutlich höher als bei anderen Arten; allerdings sind auch hier solche lebenslangen Bindungen eher die Ausnahme.

Aber was ist so besonders, wenn zwei Bäume sich lieben? Zunächst einmal erkennt man ein solches Paar daran, dass in dem Bereich, in dem die Kronen einander berühren, nur dünne Äste in Richtung des anderen Baumes zeigen. Während nach allen anderen Seiten dicke Äste raumgreifend wachsen, um möglichst viele Blätter zum Einfangen von Sonnenlicht zu tragen, tasten sich nur zarte Ästchen vorsichtig in Richtung des befreundeten Baumes vor. Es scheint, dass keiner der Bäume mit dem anderen in Konkurrenz treten möchte, sondern beide rücksichtsvoll darauf achten, dass jeder genug Licht erhält, um gesund zu bleiben. Bei nicht befreundeten Bäumen, die ebenso weit voneinander entfernt sind, ringen oft dicke Äste miteinander um das Licht. Ein

Baumpaar hat, von Weitem betrachtet, durch diesen speziellen Astaufbau scheinbar eine gemeinsame Krone, es sieht fast wie ein einziger Baum aus. Aber das ist noch nicht alles. Über ihr Wurzelsystem wachsen beide Individuen zusammen und tauschen sogar Nährstoffe aus. So kann ein gesunder Baum einem kranken Partner in Zeiten der Not helfen zu überleben. Besonders nachdrücklich und anrührend wird dies an einem weitgehend unbekannten Phänomen deutlich. Wenn eine Buche gefällt wird, bleiben nur der Baumstumpf und das Wurzelsystem übrig. Nach landläufiger Meinung ist der Baum tot. Schaut man aber in einem alten Buchenwald einmal rings herum über den Boden, so bemerkt man hier und da bemooste Steine und Hügelchen. Diese entpuppen sich bei genauerem Hinsehen als Reste alter Baumstümpfe. Die zugehörigen Stämme wurden zum Teil schon vor vielen Jahrzehnten, ja Jahrhunderten gefällt. Das Überraschende: Viele dieser Stumpfreste leben! Sie können das an dem noch festen Holz unter dem Moos erkennen, welches, wenn Sie es genauer untersuchen, sogar noch mit Rinde bedeckt ist. Wenn man diese vorsichtig entfernt, kommt kurz vor dem Holz noch eine dünne grüne Schicht zum Vorschein. Ein eindeutiges Indiz dafür, dass der alte Stumpf noch munter und gesund ist. Ohne Blätter kann das eigentlich nicht gehen, und so bleibt als einzige Erklärung tatsächlich, dass es sich hier um eine fortgeführte Baumfreundschaft handelt, deren einer Teil gefällt wurde, während der verbliebene Baum den Stumpf weiter versorgt. Dies ist umso erstaunlicher, als der versorgende Baum nun keinen Vorteil von dieser Partnerschaft mehr haben kann; im Gegenteil. Er gibt Nährstoffe an den

Stumpf ab, die er ansonsten in den Ausbau der eigenen Krone investieren könnte. Und hin und wieder geschieht sogar das Wunder, dass ein dermaßen versorgter Stumpf nach Jahrzehnten aus seinem Dornröschenschlaf erwacht und neu austreibt. Sein Alter kann diese Buche dann deutlich über das Durchschnittsalter erhöhen, da sie ja gewissermaßen zweimal alt werden kann.

Aber es gibt auch traurige Fälle. Ein Förster markiert eine Buche zur Fällung. Wenige Tage später erscheinen Waldarbeiter und sägen das gekennzeichnete Exemplar ab. Einige Jahre später sucht der Förster dieselbe Stelle noch einmal auf und wundert sich, dass ein Nachbarbaum, den er verschonte, abgestorben ist. Die Ursache wird dann häufig auf Insekten oder Pilze geschoben, obwohl in Wahrheit anderes geschehen ist. Ohne es zu merken, hatte das Forstpersonal ein Baumpaar getrennt. Die Folge ist ein Phänomen, welches auch bei alten, innig und lange verbundenen Eheleuten auftritt, wenn der eine Partner stirbt. Der verbliebene Baum war mit dem gefällten so intensiv verbunden, dass er ihm wenig später in den Tod folgte.

Und wie sieht es mit den anderen Buchen aus, der Masse der „Singles"? Trotz besonderer Zuneigungen oder vielleicht auch individueller Abneigungen, trotz des Gerangels um Licht gibt es einen gemeinsamen Zusammenhalt eines Buchenwaldes. Alle Buchen gemeinsam sorgen durch ihr bloßes Vorhandensein für eine wohltemperierte, stets angenehm feuchte Umgebung. Auf kleinster Fläche findet man Bäume der verschiedensten Altersgruppen, die ebenso verschiedene Höhen, quasi

Stockwerke, im Wald erreichen. Vom Boden bis zu den höchsten Kronen ist der Wald also erfüllt mit Blättern. Auch wenn außerhalb der Wind heftig bläst und die Sonne heiß brennt, ist es deshalb im Waldinnern nahezu windstill und schattig. Da dieser schattige, windgeschützte Boden kaum austrocknen kann, ist selbst in Gegenden mit wenig Regen der Boden des Buchenwaldes stets feucht. Dies wiederum beflügelt die Aktivität der Bodenlebewesen, die ja ganz wesentlich zur Humusbildung aus abgestorbenen Pflanzenteilen beitragen. Eine hohe Bodenfruchtbarkeit ist die Folge. Man sagt, dass sich der Buchenwald seinen Boden und das Waldklima in gewissem Rahmen selber schaffen kann. Auch bei Sturm zeigt sich die Stärke dieser Solidargemeinschaft. Wo ein einzelner Baum umfallen würde, stützen sich die Mitglieder eines intakten Buchenwaldes gegenseitig. Jeder Baum pendelt aufgrund seines individuell gestalteten Stammes und der Krone unterschiedlich schnell hin und her. Da so Nachbarbäume ab und zu gegen die Kronen der anderen schwanken, bremsen sie sich in ihrer Bewegung gegenseitig ab. Ein zu starkes Aufschaukeln durch den Wind mit anschließendem Umfallen wird dadurch fast immer verhindert.
Kennen Sie den Kino-Kassenschlager Avatar? Regisseur James Cameron erschuf in dem Film eine fantastische Welt namens Pandora, in der die Bäume sich über ihre Wurzeln zu einem riesigen Netzwerk verbunden haben. Was wie ein Produkt von Camerons Fantasie klingt, kommt der Realität recht nahe. Nach neuesten Untersuchungen gibt es möglicherweise zwischen allen Buchen eines Waldes Wurzelverbindungen. Sie sind nicht so fest wie zwischen befreundeten Bäumen,

immerhin jedoch stabil genug, um Nachrichten auszutauschen. Ein alter Buchenwald stellt somit einen Superorganismus dar, dessen einzelne Mitglieder zum Wohle aller zusammenwirken.

Freunde fürs Leben

Freunde braucht jeder, auch Buchen. Ich meine jetzt nicht die Freundschaft untereinander; es gibt da noch andere Mitgeschöpfe: Pilze. Wenn Sie im Herbst einen Ausflug durch die Buchenwälder machen, können Sie die Früchte dieser Beziehung ernten, die Fruchtkörper. Für den Baum sind diese Waldbewohner von enormer Bedeutung. Feine Pilzgeflechte spinnen sich um die Baumwurzeln und dringen sogar in diese ein. Wie in Watte gepackt fußt die Buche so im Boden. Die Pilze sind in der Lage, mit ihrem Geflecht ein Vielfaches von dem, was die bloßen Wurzeln alleine könnten, an Nährstoffen und vor allem an Wasser für den Baum zu erschließen. Dies ist besonders in Trockenperioden überlebenswichtig. Pilze dienen daneben auch als Zwischenspeicher von Stickstoffverbindungen, die bei Bedarf vom Baum abgerufen werden können. So kann dieser auch in Zeiten eines geringen Nährstoffangebotes weiter Photosynthese betreiben. Ohne diese Helfer wäre er nicht in der Lage, zu imposanter Höhe heranzuwachsen. Und er ist dabei nicht wählerisch. Es gibt einige tausend einheimische Pilzarten, die sich genau auf diese Zusammenarbeit spezialisiert haben. Auch einige Exklusivarten, die nur Buchen mögen, gibt es, wie beispielsweise den „scharfen Milchling". Die meisten anderen sind nicht so wählerisch, deshalb finden Sie beispielsweise Steinpilze sowohl in Buchen als auch in Fichtenwäldern. Das Geflecht um die Wurzeln schützt den Baum auch vor dem Eindringen krankmachender Pilzarten. „Bezahlt" werden die Helfer in Form von Zucker und anderen Produkten, von denen sie sich ernähren können. Freundschaften können sich ändern, und so kann ein Baum bei sich ändernden Umweltbedingungen, die seine bisherigen Helfer nicht überlebten, auf eine andere Art umsatteln.

Jahreszeiten und Charakterstudien

Es ist mal wieder Herbst im Buchenwald. Bunte Blätter schweben im Schein der goldenen Abendsonne zu Boden. Der Winter ist nicht mehr weit. In der benachbarten Fichtenplantage passiert momentan – nichts. Alle Nadeln bleiben hübsch am Baum.

Warum macht die Buche das eigentlich, alle Blätter abwerfen? Es kostet ja schließlich enorme Kraft, diese Dinger jedes Jahr neu zu bilden. Nun, es gibt schon einige gewichtige Gründe. In der kalten Jahreszeit, wenn das Thermometer unter den Gefrierpunkt sinkt, stellt der Baum seine Produktion von Holz und Zucker ein. Das geht gar nicht anders, denn bei strengem Frost frieren ihm wortwörtlich alle Wasserleitungen ein. Platzen können diese zwar nicht, aber die Nachschubwege nach oben sind dann erst einmal stillgelegt. Damit würden die Blätter im Winter einfach nutzlos herumhängen. An Frosttagen mit geringem Frost und Sonnenschein wird es oben in den Baumkronen manchmal relativ warm. Die Wasserleitungen im oberen Bereich tauen dann auf, und wenn nun Blätter an den Zweigen wären, würde die Produktion gewissermaßen kurzfristig eröffnet. Wasser verdunstet, wird aber nicht lange nachtransportiert, denn im Keller, dem Wurzelbereich, herrscht ja noch Frost. Die Blätter pumpen durch ihren Wasserverbrauch allmählich die Äste leer. Der Baum kann die Atemöffnungen der Blätter zwar verkleinern, aber nicht ganz das Atmen einstellen. Nach wenigen Tagen würde er schließlich vertrocknen. Also weg mit der grünen Pracht! Es gibt aber noch einen Grund, der wohl maßgeblich für dieses Verhalten ist. Die Buchenblätter wirken wie kleine Segel. Eine Buche in vollem Sommerkleid ist vergleichbar einem Schoner unter voller Takelage. Nun sind unsere Sommer meist wenig stürmisch, ganz im Gegensatz zum Herbst und Winter. Zwischen Oktober und März toben in jedem Jahr mal mehr, mal weniger Orkane über die Wälder. Und genau wie ein Schiff in stürmischer See übersteht auch die Buche diese rauen Zeiten, indem sie möglichst wenig Angriffsfläche bietet. Während nebenan die Fichten in vollem Nadelkleid gewissermaßen mit wehenden Fahnen untergehen, sprich umfallen, erwarten die heimischen Laubbäume im tiefen Winterschlaf das kommende Frühjahr.

Während des Laubaustriebs im Mai kann man übrigens interessante Charakterstudien betreiben. Ja, ich finde auch Buchen haben Charakter. Da gibt es ängstliche, aber auch mutige Bäume. Anhand der Vorgänge im Frühjahr lässt sich das recht einfach erkennen. Frisch austreibende Blätter sind sehr kälteempfindlich. Kommt während dieser kritischen Tage ein besonders heftiger Nachtfrost über den Wald, sterben die frischen Triebe ab. Das ist kein Riesenproblem für die Buche, aber sie muss jetzt noch mal von vorne beginnen. Dabei geht jede Menge Kraft verloren, Energie, die dann vielleicht zur Abwehr von Krankheiten fehlt. Zusätzlich steht auch weniger Zeit zur Bildung von Zucker zur Verfügung, sodass der Baum im Vergleich zu den anderen schlechter da steht. Und mit diesem Risiko geht offensichtlich jede Buche anders um. Da gibt es einige, die, wenn alle anderen noch sanft träumen, schon fleißig neue Blätter bilden, oft etliche Tage vor dem allgemeinen Frühlingserwachen der übrigen Bäume. Der Vorteil ist, dass mehr Zucker gebildet, mehr Energie getankt werden kann. Aber nur, wenn das Frühjahr warm und frostfrei wird. Deshalb warten besonders vorsichtige Buchen entsprechend lange – länger als die anderen. Während der ganze Wald sich schon im neuen grünen Kleid präsentiert, stehen die ängstlichen Bäume noch wie im Winter kahl. Erst viele Tage später trauen sich auch die Nachzügler, ihre Blätter in die warme Frühjahrssonne zu strecken. Und die hier geschilderten Charakterzüge finden sich dann im Herbst, wenn das Laub abfällt, wieder. Rechtzeitig vor den ersten Frösten, die den Winterschlaf der Bäume einleiten, muss das Laub abgeworfen werden. Es hat unbedingt vor der Ruhephase zu geschehen, denn zum Abwerfen müssen die Buchen eine Trennschicht zwischen Blatt und Ast bilden. Gleichzeitig werden wertvolle Inhaltsstoffe abgezogen, die im kommenden Frühjahr noch gebraucht werden. Nach Abzug dieser Stoffe verfärben sich die Blätter von grün über gelb nach braun und fallen ab. Wird der Baum nun vom Winter überrascht, kann die Trennschicht nicht mehr fertig gestellt werden. Die braunen Blätter bleiben den Winter über am Baum, mit dem bekannten Risiko während der Winterstürme. Vorsichtige Bäume werfen ihr Laub sehr früh ab, um auf Nummer sicher zu gehen. Kommt aber noch ein schöner, warmer Herbst, so ist die Chance vertan, diese Zeit zum Energietanken zu nutzen. Ohne Blätter läuft da nun mal nichts mehr. Die risikofreudigeren Buchen warten quasi bis zur letzten Sekunde, um noch eine ordentliche Sonnenernte einzufahren. Diese mutigen Lotteriespieler werden dann aber manchmal auf dem linken Fuß erwischt, wenn es nach einem goldenen Oktober zu einem plötzlichen Wintereinbruch kommt. Mit ihren braunen Blättern an den Ästen künden sie den ganzen Winter über von ihrer Unvorsichtigkeit.

In der Tiefe

Das Wichtigste im Wald sind die Bäume, klar, aber was wären sie ohne Boden? Rund um das Mittelmeer kann man sehen, was ohne ihn passiert. In der Antike wurden die Wälder gerodet, die blanke Erde dann von Regengüssen fortgeschwemmt. Die nackten Felsen waren nicht mehr tauglich für pflanzliches Leben. Bis heute ist es dem Wald in diesen Gebieten nicht mehr gelungen zurückzukehren. Ohne Boden gibt es keinen Wald, das scheint eine Binsenweisheit zu sein. Wenn man aber sieht, wie in holländischen Gewächshäusern Salate und Tomaten auf

Steinwolle wachsen, gilt diese Erkenntnis scheinbar nicht mehr für alle Situationen. Boden ist aber nicht nur ein Material, in dem sich der Baum mit seinen Wurzeln verankert. Er ist ein eigener Lebensraum, der noch voller Geheimnisse steckt.

Boden bildet sich aus Steinen. Diese werden im Laufe der Jahrtausende durch Frost, chemische Prozesse, aber auch durch Pflanzen so zerkleinert, dass eine lockere, feinkörnige Masse entsteht. Mit von Kleinstlebewesen verdauten Pflanzenresten, dem Humus, bildet sich daraus die Erde, in der sich die Wurzeln unserer Waldbäume so wohl fühlen. Pro Jahr entsteht etwa ein Zehntel Millimeter neuer Boden. Aber er wird durch Regenwasser auch wieder abgetragen. Im Wald ist das nur ein Hundertstel Millimeter pro Jahr, der vom Niederschlag wieder fortgeschwemmt wird, sodass der Boden langsam, aber stetig immer dicker wird. Ist der Wald gerodet und zur Viehweide umfunktioniert, so geht schon mehr als ein Zehntel Millimeter pro Jahr verloren. Die fruchtbare Schicht schwindet also langsam, aber sicher. Ackerfläche schneidet am schlechtesten ab. Hier ist es ein Millimeter und mehr pro Jahr, sodass ein kontinuierlicher Verlust auftritt.

Der ursprüngliche Boden des Urwaldes beherbergt eine immense Anzahl von Arten. So enthält eine Handvoll Erde mehr Lebewesen, als Menschen auf unserem Planeten leben. Da gibt es Bakterien, Algen, Pilze, Milben, Springschwänze, Regenwürmer, Asseln und vieles mehr. Da ständig neue Kleinstlebewesen entdeckt werden, kann man getrost behaupten, dass das Bodenleben erst wenig erforscht ist. Wenn Sie also eine Tierart nach Ihrem Namen benennen wollen, nehmen Sie eine Lupe, und auf in den Wald. Natürlich sind es unglaublich kleine Winzlinge, aber entgegen ihrer Größe ist ihr Wirken unverzichtbar. Sie verputzen auf einer fußballfeldgroßen Fläche etwa 30 Millionen Buchenblätter pro Jahr. Würden sie das nicht machen, erstickten die Buchen im eigenen Abfall. Asseln, Milben und Co. sind also wichtiger als die großen Säugetiere, auf die der Wald für sein Wachstum nicht angewiesen ist.

Leider gibt es nicht mehr viel ursprünglichen Urwaldboden. Auf den meisten Flächen, sofern dort überhaupt noch Wald stand, wurde schon im Mittelalter Landwirtschaft betrieben. Zwar nicht mit Großmaschinen, aber doch mit dem Ochsenpflug, oder sie wurden als Weide genutzt. Selbst Schafhaltung hinterlässt durch den Tritt der Tiere einen so stark veränderten Boden, dass man dies noch 300 Jahre und länger nachweisen kann. Wo aber einmal der Boden verändert ist, wächst so schnell kein Urwald mehr. Die durch die Bewirtschaftung verschwundenen Bodenlebewesen sind unverzichtbarer Bestandteil des ursprünglichen Kreislaufes und lassen sich nicht einfach ersetzen. Daher ist es so wichtig, die wenigen Waldböden, die noch in ursprünglichem Zustand sind, zu erhalten. Sie könnten als Rettungsinseln inmitten der von Menschen veränderten Landschaft dienen, von denen aus die Kleinsten der Waldtiere wieder einwandern können. So wäre eine Regeneration der Waldböden möglich, eine zwingende Voraussetzung für künftige Urwälder. Auch bewirtschaftete Wälder würden durch die gesteigerte Ertragskraft gesünderer Böden mit einer erhöhten Holzproduktion danken.

Erkrankungen und andere Widrigkeiten

Auch im Leben der Buchen ist nicht immer alles eitel Sonnenschein. Genau wie bei uns läuft nicht immer alles glatt. Aber Bäume können sich wehren, besitzen Strategien gegen die unterschiedlichsten Bedrohungen. Unter diesen Gefahren nehmen Pilze einen der ersten Plätze ein. Moment, wieso Pilze? Vorhin lasen wir doch noch, sie seien unverzichtbar? Unter den mehr als zehntausend Arten in Deutschland gibt es etwa 1200, denen Buchenholz besonders gut schmeckt. Die meisten sind auf bestimmte Lebens- oder auch Zerfallsabschnitte einer Buche spezialisiert. Allen ist gemein, dass sie das Knochengerüst der Bäume, den hölzernen Stamm, zersetzen und auffressen. Das ist natürlich nicht im Sinne des Baumes. Also versucht die Buche solche Attacken von vornherein auszuschließen. Befreundete Pilze an den Wurzeln und durchgehend geschlossene Rinde sind eine gute Rüstung gegen derartige Übergriffe. Eine Hauptangriffsmöglichkeit für Pilze sind Stammteile, an denen Äste abgestorben und abgebrochen sind. Hier liegt das Holz des Baumes ohne schützende Borke. Und jetzt beginnt ein Wettlauf der Buche gegen die Angreifer. Pilzsporen, durch die Luft herangetragen, keimen auf dem Aststummel. In wenigen Wochen, oft noch schneller, wachsen sie durch diese Eintrittspforte in den Stamm hinein. Auf ihrem Weg hinterlassen sie zerstörtes Holz. Die Buche setzt alle Hebel in Bewegung, die Eindringlinge zu stoppen. Ihre Zellen werden normalerweise durch kleine Öffnungen in den Zellwänden mit Nährstoffen versorgt. Durch diese breiten sich aber nun die Pilze in Windeseile aus. Das Abwehrmittel:

Der Baum verstopft die winzigen Öffnungen und legt damit die Zellen still. Der Vormarsch der Angreifer wird damit zunächst einmal stark verlangsamt. Dann versucht die Buche, den Aststummel so schnell wie möglich mit Rinde zu bedecken. Schnell ist natürlich relativ. Wenn eine Buche sich beeilt, heißt das, sie ist in drei bis vier Jahren fertig. Schafft sie es, wird der Bereich um den Stummel schnell wieder mit Wasser beliefert, da die umgebenden Zellen das Holz durchfeuchten. Und dann ist es zu nass für Pilze. Diese können in gut wasserversorgtem Holz nicht wachsen, es muss schon ein wenig angetrocknet sein. Die Zellen des äußeren Stammteils sind grundsätzlich für den Wassertransport zuständig und durch ihren hohen Feuchtegehalt für Pilze ungeeignet. Schaffen diese es allerdings bis in das Stamminnere, haben sie gewonnen. Der innere Stammteil wird nämlich vom Baum selber trockengelegt, da er nur noch als Stütze dient. Die Zellen sind abgestorben, halten sich aber zeitlich unbegrenzt. Sie sind, solange der äußere Stamm unversehrt ist, gut konserviert, aber sie können nicht mehr im Kampf gegen Eindringlinge reaktiviert werden.

Ob die Pilze das Rennen gewinnen oder nicht, hängt wesentlich von der Dicke des abgebrochenen Astes ab. Liegt diese über fünf Zentimeter, haben sie schon fast gesiegt. Die Buche braucht einfach zu lange, um ihn mit neuer Rinde zu überwachsen. Unter fünf Zentimeter Astdicke ist der Baum in der Regel schnell genug.

Mit diesem Problem haben die Buchen vor allem in der Jugend zu kämpfen. Wachsen sie, sterben die unteren Äste ab, da die weiter oben neu gebildeten ihnen das Licht wegnehmen. Ein ganz normaler Vorgang also, durch den sich beim erwachsenen Baum der glatte, astfreie Stamm bildet. Ein gut erzogener Baum, der lange warten muss, bildet nur sehr dünne Zweige aus. Die nach deren Absterben daraus resultierenden mageren Aststummel verschwinden rasch wieder unter neuer Rinde. Erst in höherem Alter, wenn schon ein glatter Stamm vorhanden ist, kommt eine große Krone mit mächtigen Ästen dazu. Schlecht erzogene oder gar elternlos aufgewachsene Exemplare machen sich dagegen von frühester Kindheit an breit. Dicke Äste begleiten das ungezügelte Wachstum. Auch bei diesen Bäumen stirbt mit zunehmender Höhe ein Großteil der unteren Äste ab. Nur sind diese häufig dicker als fünf Zentimeter. Und die Pilze warten schon. Diese durch schlechte Erziehung verursachte Anfälligkeit gegen Fäulnis ist eine der Hauptursachen für die geringere Lebenserwartung mancher Buchen.

Auch Insekten warten auf ihre Chance. Der zuckerreiche Nährstoffstrom unter der Rinde braucht ja bloß angezapft zu werden. Bis zu einem gewissen Grad kann der Baum sich durch schnelle Einlagerung von Abwehrstoffen, die beispielsweise bitter schmecken, wehren. Ist er aber durch andere Faktoren, wie Luftschadstoffe oder einen trockenen Sommer schon vorher beeinträchtigt, so reichen seine Kräfte nicht aus. Die Buchenwollschildlaus kann ihren Rüssel dann ungehindert in den Saftstrom des Baumes senken. In Verbund mit Pilzen, die den so geschaffenen Zugang ebenfalls gerne in Anspruch nehmen, kommt es zu nässenden Wunden, von denen sich manche Buche nicht mehr erholt. Bei anderen zeugen rissige Rindennarben zeitlebens von diesem Befall.

Eine Gefahr mussten die heimischen Wälder allerdings nie fürchten: Feuer. Die saftigen Äste und Blätter brennen ebenso schlecht wie lebendiges Buchenholz; lediglich das trockene Laub vom letzten Herbst kann im Sommer einem Feuer Nahrung geben. Waldbrände sind im Drehbuch der Natur für Deutschland nicht vorgesehen. Eine Situation, die sich durch die vielen Fichten- und Kiefernwälder in unserem Land mittlerweile geändert hat.

Die Buche im Alter

Wenn die junge Buche, gut erzogen von ihrem Mutterbaum, es irgendwann einmal geschafft hat, die volle Höhe von 40 Metern zu erreichen, wird es ruhig. Eine mächtige Krone, getragen von einem säulenförmigen Stamm, sorgt mit ihren Blättern für ausreichend Nahrung. Vielleicht steht noch eine besonders eng befreundete Buche zur Seite, ansonsten fühlt sie sich wohl in der Gemeinschaft der anderen Bäume. Jetzt kommen viele Jahrzehnte eines relativ ereignislosen Lebens. Der Stamm nimmt weiter an Dicke zu, die Krone wächst noch in sich hier und da ergebende Lücken, ansonsten passiert jedoch nicht viel. Ab dem zweihundertsten Lebensjahr tauchen dann die ersten kleinen Veränderungen auf. Die Rinde wird, beginnend von unten, allmählich rau. Ähnlich wie bei älteren Menschen bilden sich Runzeln und Falten. In diesen Vertiefungen hält sich das Regenwasser etwas länger, sodass Moose eine neue Heimat finden. An der Höhe des Moosbewuchses können Sie grob das Alter einer Buche abschätzen.

Je höher das Moos den Stamm hinaufreicht, desto älter ist der Baum. Dieses grüne Kleid schadet den Bäumen übrigens nicht. In diesem Zusammenhang geistert immer wieder die Vorstellung herum, man könne am Moosbewuchs eines Baumes die Wetterseite und damit die Himmelsrichtung bestimmen. Das mag bei freistehenden Bäumen auf Feldern und Wiesen der Fall sein, wo der Wind den Regen meist an eine bestimmte Baumseite, in unseren Breiten die nach Westen gewandte, treibt. Diese Stammseite ist häufiger feucht und ermöglicht den Moosen und Flechten ein besseres Auskommen. Mitten im Wald sind die Verhältnisse anders, denn der Wind wird hier durch die Bäume und ihren Nachwuchs stark abgebremst, sodass außer bei Sturm der Regen stets senkrecht herabfällt. Kaum ein Baum ist absolut gerade, und das Wasser läuft von der Krone herab bis an die Stelle, wo der Stamm eine Biegung hat. Unterhalb der Biegung tropft das Regenwasser ab, deshalb ist es dort besonders trocken. Oberhalb läuft es mit der Biegung mit und versickert dann am Fuße des Baumes. Im gekrümmten Bereich verringert sich außerdem die Fließgeschwindigkeit, sodass die hier aufkommenden Moose länger etwas von dem kühlen Nass haben. Da die Krümmung bei jedem Baum anders verläuft, zeigt auch der Moosbewuchs in verschiedene Richtungen. Zur Orientierung nehmen Sie also doch besser Kompass und Karte mit.

Im Innern der Buche spielen sich im Alter noch andere Prozesse ab. Je nach Lebensgeschichte und erlittenen Verletzungen gibt es Veränderungen im Stamminnern. Pilze beginnen mit der Zersetzung des Holzes. Die äußeren, wasserführenden

Holzschichten bleiben verschont, der Rest verfault langsam, aber stetig. Über viele Jahrzehnte, manchmal über mehr als hundert Jahre, zieht sich dieser Prozess hin, bis der Stamm eines schönen Tages hohl ist. Stabil bleibt er trotzdem, genauso belastungsfähig wie ein Stahlrohr, welches, auch wenn nur aus dünnem Blech gefertigt, große Belastungen aushalten kann. In dieser Zeit seines Lebens steigt sein Wert als Heimat vieler vom Aussterben bedrohter Arten. Seltene Pilze, aber auch Käferarten, die nur in solch feuchten Höhlen lebendiger Bäume überleben können, sind dankbare Nutzer dieser sich jetzt bietenden Möglichkeiten. Auch Waldfledermäuse sind dringend auf derart gastfreundliche Senioren angewiesen. Nicht nur als Wochenstuben zur Aufzucht des Nachwuchses brauchen diese seltenen Säugetiere alte, hohle Buchen, sondern auch als Winterquartier. Im Inneren ist es stets feucht, aber nicht zu kalt, da der die Höhle umgebende Stamm noch recht gut gegen strenge Fröste isoliert. Auch außen am Stamm tauchen neue Besucher auf. Der Mittelspecht, eine mittlerweile seltene Vogelart, kann Buchenwälder erst dann besiedeln, wenn die Bäume älter als 200 Jahre sind. Dann ist die Rinde für die bunten Höhlenbauer rau genug geworden, um sich daran festzuhalten. Auch in der oberen Etage ziehen neue Mieter ein. In den Astgabeln der Kronen alter Buchen bilden sich durch Regenwasser kleine Pfützen. Hier leben die Larven spezialisierter Mücken, die wiederum Nahrungsgrundlage seltener Käfer sind.

Die Lebensspanne der Buche neigt sich weitere Jahrzehnte später langsam dem Ende zu. Da der Stamm trotz der Vorgänge im Innern lebenslang weiter gewachsen und dicker geworden ist, gibt es auch einen immer größer werdenden Teil lebendigen, wasserversorgten Holzes im äußeren Bereich. Die Kronenäste werden ebenfalls immer mächtiger. Diese sich ständig erweiternden Körperteile müssen mit Zucker versorgt werden, um zu funktionieren. Ab einer bestimmten Größe kann die Buche nicht mehr genügend davon produzieren, um alles lebendige Gewebe zu erhalten. Sie beginnt zu sterben. Rinde platzt an verschiedenen Stellen ab, und die Pilze, bisher auf das Innere des Stammes beschränkt, besiedeln den Baum auch außen. Mehr und mehr Zweige und Äste in der Krone verdorren. Die Blätter, einst groß und glänzend, werden nur noch klein ausgebildet und verlieren ihre grüne Farbe schon im Sommer. Diese Vorgänge schwächen den Riesen weiter und beschleunigen den Vorgang, da nun noch weniger Nahrung produziert werden kann. Das Sterben geschieht nicht schlagartig, sondern erstreckt sich über einen langen Zeitraum. Dreißig und mehr Jahre vergehen, ehe das letzte grüne Blatt zu Boden sinkt und signalisiert, dass der alte Baum tot ist.

Tote Bäume sind voller Leben

Auch wenn eine alte Buche ihr Leben zu Ende gelebt hat, ist sie für ihresgleichen und die Natur allgemein immer noch wertvoll. Etwa 1200 Pilzarten sowie 1600 Insektenarten beteiligen sich an der Zerlegung des Stammes. Teilweise werkeln sie und ihre Nachfahren über 50 Jahre, bis die Inhaltsstoffe in Form von Humus wieder künftigen Buchengenerationen zur

Verfügung stehen. Dabei sind die meisten dieser Organismen hoch spezialisiert. So besiedeln verschiedene Pilzarten den Stamm nur, wenn der Baum gerade eben gestorben ist und das Holz noch reichlich Wasser enthält. Manche Arten können erst dann zum Zuge kommen, wenn schon beinahe alles zerfallen ist. Bei den Insekten ist das ähnlich. Einige Käferarten bohren Gänge in den frisch gestorbenen Riesen, um darin Pilze zu züchten. Von diesen ernähren sich dann wiederum ihre Larven. Andere kommen erst dann an die Reihe, wenn das Holz schon fast vollständig vermodert ist. Der tote Stamm stellt mit seinen Gästen dabei niemals eine Gefahr für lebende Bäume dar. Die Totholzbewohner könnten, selbst wenn sie wollten, mit solchen Buchen gar nichts anfangen. Die sind ihnen einfach noch zu grün.

Auf Wanderschaft

So durchsetzungsfähig die Buche gegenüber anderen Baumarten ist, so schwer tut sich ihr Samen, die Buchecker, mit der Ausbreitung. Und dies im wahrsten Sinne des Wortes. Sie ist nämlich so schwer, dass sie selbst bei stärkstem Wind so gut wie immer unter ihrem Mutterbaum landet. Andere Bäume dagegen strengen sich richtig an, um ihre Samen auf Reisen zu schicken. Weide und Pappel packen die winzige Fracht in weiche Watte, die einen Flug über mehr als 100 Kilometer ermöglicht. Und Ahornbäume bilden kleine Hubschrauber mit einer Art Rotorblatt aus, mit deren Hilfe ihr Nachwuchs so langsam zu Boden sinkt, dass ein stärkerer Wind ihn immerhin noch einige hundert Meter weiter befördern kann. Die Buchecker hat von alledem nichts. Schwer und träge plumpst sie direkt unter ihren Mutterbaum. Für den Fortbestand der baumeigenen Gene ist dies riskant. Treten an diesem eng begrenztem Ort für Buchen lebensbedrohliche Umstände ein, ist die familiäre Linie des Baumes gefährdet. So kann zum Beispiel ein Sturm oder eine Krankheit den Mutterbaum fällen, und der Nachwuchs wird just an dieser Stelle vollständig von Rehen aufgefressen. Und dieses Szenario, so konstruiert es klingt, kommt in der Realität gar nicht so selten vor, nur dass statt eines Sturmes häufig der Mensch den Baum zum Stürzen bringt.

Wie andere Baumarten hat die Buche also ein Interesse daran, dass ihr Nachwuchs auch an anderen Orten eine Chance bekommt. Und hierbei helfen ihr Mäuse, Eichhörnchen und Eichelhäher. Diese Arten haben zwar ganz unterschiedliche Lebensgewohnheiten, aber in einem Punkt ähneln sie sich stark: Alle drei nutzen Bucheckern als Nahrungsvorrat für den Winter. Hierzu werden von ihnen im Herbst die schweren Samen gesammelt und in zahlreichen Depots versteckt. Denn je mehr, desto sicherer kommt man über den Winter. In der kalten Jahreszeit werden diese Depots eines nach dem anderen wieder aufgesucht, wenn in der verschneiten Landschaft das Nahrungsangebot knapp geworden ist. Aber was hat die Buche davon, wenn ihre Samen verschleppt werden? Nun, zunächst werden ja nicht alle Eckern von den Tieren entdeckt; die künftige Schar des Nachwuchses zu Füßen der Mutterbuche ist, von Ausnahmefällen abgesehen, allein durch die riesige Anzahl der Samen gesichert. Und die von den Waldbewohnern versteckten Vorräte werden nicht alle gefressen. Viele Depots werden von ihnen gar nicht mehr gefunden. Es ist schon tragisch und komisch zugleich, wenn man ein Eichhörnchen im Winter bei Schnee beobachtet, wie es ein Bucheckernversteck sucht und nicht mehr findet. Immer wieder springt es hierhin und dorthin, gräbt etwas zur Probe, findet nichts und sucht erneut einige Meter weiter. Besonders vergessliche Eichhörnchen bekommen ernsthafte Probleme, da neue Nahrungsquellen nicht verfügbar sind. Mit etwas Glück oder Beobachtungsgabe finden und plündern sie fremde Depots, ansonsten verhungern sie. Auch Eichelhäher und Mäuse ereilt, haben sie die Lagepläne ihrer Vorräte nicht gut gelernt, das gleiche Schicksal.

Doch eine gewisse Vergesslichkeitsquote hat durchaus einen tieferen Sinn. Von den tierischen Gärtnern fachlich richtig in ca. fünf Zentimeter Tiefe eingegraben, ruhen die vergessenen Samen geschützt vor Vögeln und Säugetieren bis zum Frühjahr im Waldboden. Aus den nicht gefundenen Vorratslagern wachsen dann büschelweise neue Buchenpflänzchen. Auf diese Weise helfen Mäuse, Eichhörnchen und Eichelhäher bei der Ausbreitung von Buchenwäldern. Die Nahrungsgrundlage vieler folgender Generationen wird so gesichert und ausgeweitet. Der Aktionsradius der einzelnen Arten ist dabei jedoch höchst unterschiedlich. Mäuse vergraben ihre Vorräte meist nur wenige Meter entfernt, während Eichhörnchen schon 500 Meter schaffen. Der Eichelhäher, sozusagen die Luftpost unter den Buchenliebhabern, versteckt seine Ernte oft in über einem Kilometer Entfernung; in Ausnahmefällen reist er sogar mehr als 10 Kilometer weit. Seine Leistungen sind auch sonst beachtlich. Über 10.000 versteckte Samen kann er sich merken[5], wobei er nicht nur die Lage, sondern auch die Art der von ihm vergrabenen Nahrung und die Lagerdauer registriert[6]. Für einen normalen Winter reichen allerdings schon etwa 1000 Bucheckern und Eicheln, sodass die nicht verbrauchten Vorräte zur Ausbreitung seiner Nahrungsbäume beitragen. Solchermaßen unterstützt können also selbst Buchen wandern. Für beide Parteien, Buchen und Tiere, ist dies sehr wichtig. Die Tiere vererben so ihren Nachkommen wichtige Nahrungsquellen, indem sie überall neue Buchen säen. Die Buche hingegen kann damit ihre familiäre Existenz absichern. Dadurch ist zum Beispiel eine Rückkehr in jene Gebiete möglich, aus denen sie zuvor durch Aktivitäten des Menschen verdrängt wurde. Hierzu können wenige verbliebene Mutterbäume im jeweiligen Waldgebiet ausreichen. Auch in Bezug auf Klimaveränderungen kann eine Wanderung in Gebiete mit passenden Temperaturen und Niederschlägen notwendig werden. Die Buche kann mit tierischer Unterstützung maximal 20 Kilometer pro Jahrhundert wandern; da ist beispielsweise die Birke zehnmal schneller. Warum nur schafft sie so wenig? Weil aus jeder noch so entfernt deponierten Buchecker erst eine geschlechtsreife Mutterbuche werden muss, damit die Samen von dort aus wieder weiterverbreitet werden können.

Jagdlust

Vom Adel zum Bürger

Die Wildtierpopulationen in Deutschland leben schon lange nicht mehr im natürlichen Gleichgewicht. Spätestens seit dem Mittelalter griff der Mensch so massiv in die Natur ein, dass es zu gravierenden Landschaftsveränderungen kam. Zunächst wurde der Wald in riesigen Ausmaßen gerodet – ein Prozess, der auch heute noch in den weltweit verbliebenen Urwäldern andauert. Die Flächen wurden dann ackerbaulich genutzt, bis die Nährstoffe im Boden so weit verbraucht waren, dass nur noch Weidewirtschaft möglich war. Die weidenden Schafe, Ziegen und Rinder ließen wiederum nur Pflanzen übrig, die sie nicht gerne fraßen, wie Heidekraut und Wacholder. Der ehemalige Wald wandelte sich zu einer großflächigen Heidelandschaft. Wie weit dieses Landschaftsbild verbreitet war, kann man heute noch an den Flurnamen ablesen, fast in jeder Ortslage gibt es Bezeichnungen, die auf -heide enden.

Waldgebiete reduzierten sich auf diese Weise drastisch, und der Tiefpunkt wurde um das Jahr 1800 erreicht. Entsprechend veränderte sich der Lebensraum für die Waldtiere. Raubtiere profitierten zunächst sogar von dieser Entwicklung, denn zahme Schafe und Rinder ließen sich viel leichter erbeuten als Rehe und Hirsche. Daraufhin reagierte der Mensch mit unerbittlicher Verfolgung von Wölfen, Bären und Luchsen. Die letzten Wolfsrudel verschwanden vor Beginn des Zwanzigsten Jahrhunderts. Der letzte Bär, sieht man einmal von Bruno, den Einwanderer von 2006 in Bayern ab, wurde 1835 geschossen, und Luchse waren ab 1850 auch nicht mehr zu finden.

In früheren Zeiten lag die Jagd ausschließlich in der Hand des Adels, der durch Förster streng überwachen ließ, dass niemand sonst Wild erlegte. Bauern und Pächter klagten, ohne Gehör zu finden, über zu hohe Bestände an Hirschen und Wildschweinen, die nachts ihre Felder verwüsteten. Daher drehten sich die Bauernkriege im 16. Jahrhundert auch um die Forderung, endlich selbst jagen zu dürfen. Mit der Revolution im Jahre 1848 ging die Jagd an Besitzer von Grund und Boden, also auch die Bürger, über. Der Adel verlor seine Privilegien und durfte nicht mehr auf fremdem Land jagen. Beherzt ergriff die Bevölkerung die Gelegenheit und schoss fleißig Wild, um die Schäden in Wald und Feld endlich zu vermindern. Viele unserer alten Buchenwälder gehen auf diese kurze Zeit der Waldentlastung zurück. Doch schon zwei Jahre später wurden Gesetze erlassen, die die neue Freiheit wieder erheblich einschränkten. Wer mit seinem Land nicht eine gewisse Mindestgröße erreichte, musste sich mit anderen Besitzern zu Genossenschaften zusammenschließen. Geld, um diese großen Jagdbezirke zu pachten, hatte ein Großteil der Bevölkerung nicht – wohl aber die früheren Jagdherren. So kam der feudale Jagdbetrieb durch die Hintertür wieder zurück[7].

Die Trophäenjagd hielt in Deutschland erst im 20. Jahrhundert flächig Einzug. Vorgeschrieben für alle Jäger wurde sie von Reichsjägermeister Hermann Göring, dessen Jagdleidenschaft legendär war. Jagdgebiete, in denen landschaftliche Schönheit und Wildreichtum zusammentrafen, wurden von ihm bevorzugt einfach beschlagnahmt. Göring legte in seinem Gesetz und den dazugehörenden Verordnungen fest, dass Hirsche mit besonders schönem Geweih, welches mit vielen Enden versehen und möglichst schwer sein sollte, zu schonen seien. Es waren nur solche Geweihträger zu schießen, die dem Zuchtziel nicht entsprachen. Gut veranlagte Exemplare sollten ihre positiven Eigenschaften zunächst über die Zeugung von Nachkommen vererben. Erst im hohen Alter durften auch sie schließlich an den Trophäenwänden der Jäger enden. Noch gegen Ende des Zweiten Weltkrieges ließ Göring seiner Gier nach immer größeren Geweihen derart freien Lauf, dass er trotz heftiger Proteste der Bevölkerung Lebensmittelhafer an Hirsche verfüttern ließ.

Nach dem Krieg machte es sich die junge Bundesrepublik einfach. Passagen des Reichsjagdgesetzes mit nationalsozialistischem Anklang wurden gestrichen, den Rest behielt man bei und nannte das Ganze „Bundesjagdgesetz". Mit wenigen Änderungen ist dieses bis heute gültig. Da die Bundesländer innerhalb des so gesteckten Rahmens eigene Gesetze erlassen können, gibt es eine Reihe unterschiedlichster Regelungen, die aber letztendlich das Bundesgesetz nur präzisieren. Mit anderen Worten: Was 1934 auf den Weg gebracht wurde, gilt in wesentlichen Teilen bis heute fort. So ist das damals eingeführte

Zuchtziel in Bezug auf Hirschgeweihe immer noch vorgeschrieben; der Abschuss von Junghirschen mit großem Geweih bleibt verboten.
Doch ist es nicht sehr fragwürdig, eine Wildart umzüchten zu wollen? Immer größere Geweihe entsprechen nicht dem natürlichen Erscheinungsbild dieser Tierart. Wo noch Wölfe jagen, hat das Rotwild kleine Geweihe, denn mit großen bliebe es auf der Flucht vor Feinden im Gebüsch hängen und wäre eine leichte Beute für Verfolger. Nach jahrzehntelanger gesetzlich verordneter Umzüchtung kann man beim Rotwild möglicherweise gar nicht mehr von einer Wildart, sondern eher von einer neuen Haustierart sprechen.

Frischer Wind wäre von Nöten, neue Gesetze, angetrieben von der Tatkraft junger, unvoreingenommener Jäger. Doch auch hier hat der Gesetzgeber einen Riegel vorgeschoben. Zwar soll die Jägerprüfung, das „Grüne Abitur", eine ausgewogene Ausbildung sicherstellen. Aber dem Prüfungsausschuss, der diese staatliche Prüfung abnimmt, gehören, in manchen Bundesländern per Verordnung, in der Mehrheit Mitglieder der Landesjagdverbände, also privater Jagdvereine, an. Diese lassen oft nur solche Personen zur Prüfung zu, die vorher eine meist einjährige Ausbildung bei einem vom Landesjagdverband vorgeschlagenen Jäger absolviert haben. Dass Vereine andere Zwecke verfolgen als der Staat, ist legitim. Auf diese Art jedoch erhalten Jagdvereine die Möglichkeit, hoheitliche Aufgaben in ihrem Sinne zu beeinflussen. Dies erklärt zu einem guten Teil die Hilflosigkeit von Waldbesitzern, deren Wälder vom Wild aufgefressen werden.

Auch heute noch ist das Jagdrecht an den Grundbesitz gebunden, und immer noch müssen Mindestgrößen für Jagdreviere eingehalten werden. Besitzer kleiner Wald- und Wiesenflächen sind per Gesetz verpflichtet, Jagdgenossenschaften zu bilden und können die Jagd meist nicht mehr selbst ausüben, weil die Pacht dieser Flächen einfach zu teuer ist. Die Mindestgröße der Genossenschaften liegt bei zweieinhalb Quadratkilometer, die durchschnittliche Größe liegt um vier Quadratkilometer. Ein Jagdrevier dieser Ausdehnung kostet den Jäger jährlich bis zu 15.000 Euro an Pacht, zusammen mit anderen notwendigen Ausgaben kann sich dieser Betrag gut und gern verdoppeln. Die örtlichen Grundbesitzer können sich so etwas in aller Regel nicht leisten und verpachten daher gemeinsam das Recht zur Ausübung der Jagd. Der Zuschlag geht an auswärtige Jäger, die zwar zahlungskräftig, aber mit den ländlichen Gepflogenheiten wenig vertraut sind. Aber sie sind damit zahlende Gäste der örtlichen Grundbesitzer, und im Falle von Staats- und Gemeindewald ist Besitzer und Gastgeber die Bevölkerung, also Sie und ich.

Doch das Bewusstsein dafür ist uns abhanden gekommen. Häufig ist es vielmehr so, dass oft schon der Waldspaziergänger unangenehme Erlebnisse verzeichnen muss. Berichte von Zusammenstößen zwischen Hundebesitzern und Jagdpächtern sind leider keine Ausnahme. Noch einmal: Der Jäger ist Gast, die Bevölkerung häufig der Gastgeber! Doch um dieses Verständnis auch weiterhin nicht aufkommen zu lassen, ist manchen Grünberockten jedes Mittel recht. Da werden Altenfeiern bezahlt und auch die Weckmänner am herbstlichen Martinsfeuer. Nette Spenden helfen Sportvereinen über schwere Zeiten hinweg, und der ein oder andere Entscheidungsträger wird direkt subventioniert. Krisenbesprechungen von Gemeinderäten und Jagdgenossenschaften mit dem Pächter finden nicht selten im Wirtshaus statt, das Essen bezahlen selbstverständlich die Jäger. Und der örtliche Förster darf hier und da kostenlos mitjagen. Unter solchen Umständen fällt es schwer, öffentlich Kritik zu äußern, da sonst der Geldhahn abgedreht wird. Es stellt sich die Frage, ob dies alles nicht bereits den Tatbestand der Bestechung erfüllt. Auch mir wurde bei Amtsantritt gleich eine Flasche Schnaps und ein Rehbock zum Abschuss angeboten. Für Förster, die den Beruf aus der Liebe zur Jagd ergriffen haben und nun in einem Gemeinderevier ohne Jagdmöglichkeit arbeiten, sicher eine große Versuchung.

Trophäenzucht

In Deutschland hatte die Jagd nach Trophäen spätestens seit dem Reichsjagdgesetz Hermann Görings besondere Tradition. Nicht das Schießen einer möglichst großen Anzahl von Wildtieren ist interessant, sondern das Erbeuten möglichst großer Trophäen. Dies sind bei Reh und Hirsch die Geweihe, bei Wildschweinen die großen Eckzähne. Um jedes Jahr ein Tier mit großer Trophäe schießen zu können, braucht der Jäger einen Bestand von rund 100 Tieren dieser Art. Natürlicherweise käme im Buchenurwald nur ein Exemplar der genannten Arten pro Quadratkilometer vor, viel zu wenig, als dass man als Jäger überhaupt Wild sehen würde. Und Hirsche als Tiere der Steppe würden gar keine Rolle spielen. Auf den rund vier Quadratkilometern, die ein Jagdrevier typischerweise groß ist, wäre Jagd bei ursprünglichem Wildvorkommen gar nicht möglich. Zum Erbeuten von Trophäen wird der Bestand folglich systematisch und drastisch angehoben: Durch Nichtabschuss weiblicher Tiere, denn die bringen ja den Nachwuchs, und durch Fütterung im Winter. Natürlich werden nur die Arten versorgt, die Trophäen tragen. Heuraufen im Wald sind neben großen Bergen von Zuckerrüben ein deutlicher Hinweis auf diese Praktiken. Für alle anderen Tierarten wird kein spezielles Futter ausgebracht. Wenn diese Zusatznahrung wirklich nötig wäre, warum bekommen dann nicht auch andere Tiere Hilfe? In Wahrheit ist da nichts mit „Hege“ und „sich kümmern“ um Wildtiere in Not; hier geht es schlicht und ergreifend um eine Art Haustierhaltung im Wald, mit dem Ziel der Geweihernte. Und damit wir uns nicht falsch verstehen: Fütterung im Winter macht niemals Sinn. Unsere heimischen Tiere sind bestens an sehr strenge Winter angepasst. Der Biorhythmus verlangsamt sich, alle Aktivitäten, selbst der Herzschlag, gehen deutlich zurück. In dichtem Buschwerk geschützt vor Wind und Schnee dösen Rehe und Hirsche tagelang vor sich hin. Verharrend in einer Art Kältestarre – die Körpertemperatur fällt zeitweise auf unter 15 Grad – sinkt ihr Kalorienverbrauch auf ein Minimum. Die im Herbst angefressene Fettschicht reicht dadurch in der Regel bis zum Frühling. Schwache Tiere haben allerdings keine Chance und verhungern, aber nun kommen auch sie, dank der Fütterung, zahlreich über den Winter.

Mit den genannten Maßnahmen ist es den Jägern vielerorts gelungen, den Rehwildbestand auf bis zu 100 Tiere und den Bestand der viel größeren Hirsche auf bis zu 30 Tiere pro Quadratkilometer zu steigern. Und dennoch sieht man diese als Waldbesucher sehr selten. Woran das liegt? Die Wildtiere haben Angst vor dem für sie gefährlichsten Raubtier, dem Menschen. Deshalb haben sie ihre Lebensgewohnheiten geändert und verstecken sich tagsüber. Nur nachts, wenn wir schlafen, sind diese Wildtiere wieder häufiger unterwegs. Die Tiere können übrigens bestens unterscheiden, wer da durch die Landschaft wandert.

Auch Haustierbesitzer können ein Lied vom Gedächtnis und Unterscheidungsvermögen ihrer tierischen Mitbewohner singen, so zum Beispiel, wenn ihr kleiner Liebling zum Tierarzt muss. Dort angekommen werden Hund oder Katze oft schon vor dem Öffnen der Autotür unruhig. Sie mögen eben keine Spritzen und haben die Annäherung an den Ort des Unheils schon frühzeitig bemerkt. Umgekehrt sind sie zu Hause häufig in der Lage, das sich nähernde Auto ihres Frauchens oder Herrchens zu erkennen und rennen schon eifrig zur Eingangstür, weil sie sich auf ihre nächste Streicheleinheit freuen.

Wildtiere sind in der Regel klüger als Haustiere, auch weil das härtere Leben sie zu mehr Aufmerksamkeit zwingt. Und so ziehen sie ebenfalls ihre Schlüsse aus den menschlichen Aktivitäten. Kommt ein schwerer Geländewagen in den Wald, steigt daraus ein Mensch, der, vermeintlich leise, auf den nächsten Hochsitz klettert, knallt es nach einiger Zeit und ein Jungtier sinkt zu Boden, riecht es dann auch noch nach Blut, weil das Tier an Ort und Stelle zerlegt wird, dann flüchten die

Hirsche in das nächste Dickicht und wissen nun genau, dass von dieser Art Mensch besondere Gefahr droht. Fortan passen sie ihr Verhalten an. Lärmende Kinder oder singende Wanderer dagegen bringen Hirsch und Reh nicht mehr aus der Ruhe. Zwischen Gräsern und Büschen gut getarnt liegend lassen sie offensichtliche Nichtjäger oft wenige Meter an sich vorbeilaufen, ohne dass sie beunruhigt werden. Kommt jedoch der besagte Geländewagen mit der um leise Fortbewegung bemühten Person, breitet sich Unruhe aus. Noch bevor diese den Hochsitz erklimmt, sind die ängstlicheren unter den Wildtieren bereits in andere Waldgebiete unterwegs. Dies ist einer der Gründe, warum gerade Jäger besonders wenig Wild zu Gesicht bekommen. Die fatale Konsequenz daraus ist, dass aus ihrer Sicht die Bestände noch weiter angehoben werden müssen, um erfolgreich jagen zu können.

Als ob das alles nicht reichte, wurden und werden weitere nichtheimische Tierarten ausgesetzt. Mufflons zum Beispiel sind verwilderte Hausschafe aus Asien, die wohl schon in der Steinzeit auf einigen Mittelmeerinseln heimisch wurden. Da sie so schön gedrehte Hörner haben, wurden sie in verschiedensten Landschaften Deutschlands angesiedelt. Einigen Jägern reichte die Größe der Hörner nicht aus, und so wurde das Mufflon unter anderem mit dem ungarischen Zackelschaf gekreuzt, welches einen noch imposanteren Kopfschmuck trägt.

Auch Damhirsche fanden schon vor Jahrhunderten den Weg aus ihrer Heimat in Kleinasien zu uns und werden immer noch weiter aktiv verbreitet. Das ist zwar verboten, die Haltung von Damhirschen zur Fleischgewinnung jedoch nicht.

Hin und wieder wird dann, vielleicht aus Zufall, vielleicht auch nicht, ein Zaun undicht, und die Tiere entweichen in die freie Natur. Nach Jahren, manchmal erst Jahrzehnten haben sich dann auch offizielle Stellen damit abgefunden und genehmigen, oft mit fadenscheinigen Argumenten, das Verbleiben dieser Tiere im Wald.

Auch der heimische Rothirsch ist nicht mehr das, was er mal war. Zur „Blutauffrischung“ wurden Tiere mit besonders großen Geweihen aus Ungarn und anderen osteuropäischen Staaten importiert, um den hiesigen Tieren in Bezug auf ihren Kopfschmuck etwas nachzuhelfen. Und wie jeder Landwirt überlassen auch die Jäger ihre Investition nicht einfach den Gewalten der Natur, sprich einer natürlichen Auslese im Winter. Also wird gefüttert, was das Zeug hält. Die Anzahl der Tiere wird dabei teilweise ins Groteske gesteigert. In einem Tal in der Eifel bei Adenau, dem „Kesselinger Tal“, gibt es so viele Hirsche, dass die Bauern sogar ihre Wiesen zwei Meter hoch einzäunen, damit ihren Kühen nicht das ganze Gras weggefressen wird. Einige Waldbäche der Gegend drohen umzukippen, da durch die Fäkalien der Wildtiere eine massive Überdüngung erfolgt. Und verzweifelte Förster wickeln Schilfmatten um die Bäume, da ansonsten Scharen von hungrigen Hirschen diesen die Rinde abnagen, bis das Holz offen zutage tritt. Dieses wird dann leicht von Pilzen befallen und fault vor sich hin. Der wirtschaftliche Schaden derart entwerteter Stämme liegt bei bis zu 60.000 Euro pro Quadratkilometer Waldfläche[8].

Es gibt noch einen weiteren Faktor, der Rehe, Hirsch und Co. begünstigt: Die moderne Agrarwirtschaft. Alle aufgedüngten

Äcker und Wiesen, prall gefüllt mit nährstoffreichen, leckeren Pflanzen, kommen natürlich auch den Pflanzenfressern zugute. Und diese setzen das gute Nahrungsangebot gleich wieder in erhöhte Reproduktionsraten um. Rehe beispielsweise reagieren auf einen guten Ernährungszustand mit der Geburt von Zwillingen und manchmal auch Drillingen anstelle von einzelnen Kitzen.

Als Folge der genannten landwirtschaftlichen Maßnahmen und dem Eingreifen der Jäger liegen die Bestände von Hirschen, Rehen und Wildschweinen deutschlandweit mehrfach über dem natürlichen Niveau. Eine Regulation durch Raubtiere scheidet aus, da diese, von Kleinstbeständen abgesehen, ja ausgerottet sind. Und durch Jäger wird ein erneutes Ausbreiten dieser Raubtiere oft verhindert, denn obwohl Luchs und Wolf per EU-Richtlinien und nationaler Gesetzgebung streng geschützte Arten sind, werden sie bei Erscheinen häufig illegal geschossen. So wurde im August 2007 ein Wolf am Rande des Spreewaldes heimlich erlegt[9]. Ihm folgten weitere Exemplare in die ewigen Jagdgründe, zuletzt im Juni 2009 in Sachsen-Anhalt. Die sechs kleinen Wolfsrudel, die in der Lausitz heimisch wurden, halten sich glücklicherweise überwiegend auf großen Truppenübungsplätzen auf; dort sind sie relativ sicher. Doch die Luchse, die sich vor einigen Jahren, unter anderem in Rheinland-Pfalz, wieder angesiedelt haben, scheinen es momentan nicht zu schaffen. Zwar baute sich dort zunächst ein Bestand von etwa 10 Tieren auf, aber der wurde mittlerweile wieder auf ein bis zwei Tiere zusammengeschossen. Und dies, obwohl die Bedingungen im Pfälzer Wald, im Hunsrück und in der Eifel sehr günstig für den

Luchs wären. Dummerweise tritt er in Konkurrenz zu Jägern, die Angst um ihre jahrelang herangezogenen Rehböcke beziehungsweise um deren Geweihe haben. Diese sollen ja eines schönen Tages auf einer Trophäenschau ausgestellt werden. Solche Schauen werden einmal jährlich von den Jagdverbänden abgehalten. Eine Jägerkommission bewertet nach einem komplizierten Katalog sämtliche Eigenschaften der ausgestellten, flach abgesägten Schädel und Geweihe und vergibt für die Punktsieger Gold-, Silber- und Bronzemedaillen. Rehe sind aber die Lieblingsspeise von Luchsen. Und da Luchse nicht Mitglied in einem Jagdverband sind und somit die Geweihe ihrer Beute auch nicht auf Trophäenschauen ausstellen, werden sie als Konkurrenten um die Beute Reh immer wieder illegal geschossen.

Waldsterben von unten

Was aber bedeutet dies alles für den Buchenwald? Die Gefahr durch diese hohen, manipulierten Wildtierbestände kommt gegen Ende des Winters. Rehe und Hirsche haben den Speck, den sie sich im Herbst angefressen haben, gegen Anfang März herunter gehungert. Kurz vor dem Beginn des Wachstums von Gräsern und Kräutern ist der Appetit auf frisches Grün besonders groß. Zudem steigt die über den Winter gedämpfte Körpertemperatur und damit die Aktivität der Tiere wieder deutlich an, sodass sich auch der Nahrungsbedarf erhöht. In dieser Situation wird von den Tieren auf die hauptsächlich verfügbare Nahrungsquelle im Wald zurückgegriffen, auf

Knospen von Laubbäumen. An die großen Buchen kommen sie nicht heran, also geht es den kleinen Buchenkindergärten an den Kragen, von denen oft nur die oberste Knospe abgebissen wird. Die ist auch dicker und nährstoffreicher. Dummerweise ist damit der Trieb nach oben, der sogenannte Leittrieb, verschwunden und ein Seitenästchen wächst stattdessen himmelwärts weiter. Aus diesem Bäumchen wird in der Regel nur noch ein verkrüppelter Baum, denn der charakteristische säulenförmige Stamm bildet sich nur bei ungestörtem Wuchs.

Eine zusätzliche Verschärfung dieser Situation stellen riesige Rudel von Wildschweinen dar, die im Herbst die Buchenwälder heimsuchen. Durch Fütterung ebenfalls stark im Bestand vermehrt, zerpflügen sie jeden Quadratmeter Boden auf der Suche nach den nahrhaften Bucheckern, bis sie auch die letzten gefunden haben. Im Frühjahr wartet dann der alte Wald vergebens auf das Keimen des Nachwuchses. Die Natur hat für Situationen, in denen sich Wildschweine zu stark vermehren, eine Notbremse eingebaut: die Schweinepest. Sie betrifft allerdings nur junge Wildschweine, die sogenannten Frischlinge, bis zum ersten Lebensjahr. Ältere Tiere können zwar erkranken und das Virus verbreiten, sterben aber in der Regel nicht daran. Bei hohen Bestandszahlen dieser Wildart breitet sich die Schweinepest in Windeseile unter den Tieren aus und vernichtet den überzähligen Nachwuchs. Normalerweise wäre dann alles in kurzer Zeit wieder im Lot und die Zahl der Wildschweine wieder auf natürlichem Niveau. Normalerweise. Doch dann, wie könnte es anders sein, kommt wieder der Mensch ins Spiel, und hier insbesondere die Bauern.

Einige von ihnen haben sich ja auf die Haltung von Schweinen spezialisiert und betreiben große Mastställe. In diesen Ställen drängen sich Hunderte, manchmal sogar Tausende der Borstentiere auf engstem Raum. Geschlachtet werden sie im Alter von wenigen Monaten, das erste Lebensjahr erlebt keines dieser Tiere. Es handelt sich also auch hier um „Frischlinge“. Damit sind sie alle bedroht vom Schweinepestvirus. Tritt dieser in einem solchen Stall auf, rafft er in kürzester Zeit alle Ferkel dahin. Stellen Veterinärbehörden das Virus bei Wildtieren der umliegenden Wälder fest, werden sicherheitshalber Sperrbezirke eingerichtet. Bauern mit Ställen in diesem Bereich dürfen ihre Tiere nicht mehr exportieren, um auch die kleinste Ansteckungsgefahr und Verbreitung der Seuche unter den Schweinen der anderen Mastbetriebe zu verhindern. Dies kann im Einzelfall einen schweren wirtschaftlichen Schaden bedeuten. Seit einigen Jahren wird daher aktiv in das Krankheitsgeschehen eingegriffen. Dort, wo an Schweinepest verendete Wildschweine gefunden werden, finden intensive Impfaktionen statt. Köder aus Mais, mit Impfstoff versehen, werden von den Jägern und Förstern an zahlreichen Stellen im Wald ausgebracht. Mit Verzehr dieser Köder werden die betreffenden Wildschweine immun. Die Schweinepest geht in diesem Waldgebiet zurück. Und zeitgleich steigt der ohnehin schon sehr hohe Wildschweinbestand weiter an, da mit diesem Vorgehen der Natur das wirksamste Regulierungsmittel aus der Hand geschlagen wurde. Mittlerweile sind nicht nur die Wälder, sondern auch etliche Vorgärten beliebter Aufenthaltsort der sich munter vermehrenden Wühler.

Vor Jahrhunderten waren Hirsche, Wildschweine und Rehe im Wald kein Problem – die wenigen Tiere richteten keinen dauerhaften Schaden an, sie waren natürlicher Bestandteil dieses Ökosystems. Jäger und Förster haben es jedoch geschafft, die Natur aus dem Gleichgewicht zu bringen. Pflanzenfresser in großer Zahl lassen dem Nachwuchs der Buchen nur noch geringe Chancen. Hinzu kommt, dass sich auch Rehe, die im Sommer auf den Wiesen und Feldern leben, in der kalten Jahreszeit in die Wälder zurückziehen und somit die dort lebende Anzahl nochmals vergrößern. Häufig bleibt keine der jungen Buchen verschont. Entweder sie verschwinden ganz, oder die etwas größeren werden wie Hecken gestutzt. So trifft man in Buchenwäldern manchmal bizarre Bäumchen an, die trotz ihres Alters von 50 Jahren nur kniehoch sind und an Bonsais erinnern. Es soll sogar findige Förster geben, die derartige Krüppelbäumchen als solche verkaufen. Die Schäden durch dramatisch hohe Wildbestände werden mittlerweile auch als „Waldsterben von unten“ bezeichnet. Den besten Beweis, dass diese Vorgänge unnatürlich sind, liefern die kleinen Buchen selbst. Sie haben in den vielen Jahrtausenden ihrer Entwicklung keinerlei Abwehrmechanismen gegen Pflanzenfresser entwickelt. Während sich Steppenpflanzen mittels Dornen oder Gift gegen hungrige Wildtiere zur Wehr setzen mussten, gab es diese Notwendigkeit der Verteidigung für Buchensämlinge nicht. In Buchenwäldern vergangener Epochen traten Pflanzenfresser nie über längere Zeiträume in gefährlicher Anzahl auf. Die rasche Erhöhung der Wildbestände innerhalb der Spanne eines Buchenlebens überforderte die Anpassungsfähigkeit dieser Baumart. Und so werden die wehrlosen Sämlinge auch weiterhin massenhaft abgefressen.

In Deutschland besteht dieses Ungleichgewicht schon seit vielen Jahrzehnten. Die Folge sind hallenartige Wälder, in denen ein säulenförmiger Baumstamm neben dem anderen steht. Am Boden ist jedoch gähnende Leere. Dort, wo sich kleine Buchensämlinge tummeln sollten, findet sich nur braunes Laub. Diese Wälder mögen zwar recht nett anzusehen sein, überaltern aber allmählich, da für die Seniorengeneration der Bäume keine Nachfolger in Sicht sind. Die alten Buchen werden irgendwann vom Waldbesitzer gefällt und verkauft. Da es keinen Buchennachwuchs mehr gibt, muss nun gepflanzt werden. Aber die gepflanzten Buchen würden natürlich genauso gefressen, also müssen sie aufwendig geschützt werden. Kilometerlange Zäune im Wald, hinter denen Setzlinge vor gierigen Mäulern geschützt sind, künden von diesen Zuständen. Etwas dezenter ist eine weiße Paste, die den Tieren schlecht schmeckt. Man bedient sich desselben Mechanismus wie mit dem Mittel, welches Kindern gegen das Nägelkauen auf die Finger gestrichen wurde. Diese Paste wird einmal jährlich auf die oberste Knospe geschmiert, bis das Bäumchen so groß ist, dass kein Hirsch mehr an diese Knospe herankommt. Das alles wäre aber für die gesamte Waldfläche viel zu aufwendig. Der große Rest wird einfach mit Nadelbäumen „zugepflastert“. Fichten und Kiefern werden von Rehen und Hirschen nur ungern gefressen, außer es gibt wirklich gar nichts anderes mehr. Fraß an Nadelbäumen ist somit das allerletzte Alarmzeichen – mangels jeden Baumnachwuchses kommt danach nur noch Steppe.

Die ursprüngliche Heimat von Fichte und Co. ist der hohe Norden, die Taiga. Dort ist es für Fichten schön kalt und nass, bei uns vergleichsweise aber zu warm und zu trocken. Weitere Probleme lassen nicht lange auf sich warten. Sturm und Borkenkäfer wüten unter diesen dauergestressten Pflanzen, die quasi ständig unter Heimweh leiden. Eine Ausnahme gibt es allerdings bei den Nadelbäumen: Die Weißtanne. Sie ist sehr selten, kommt aber im süddeutschen Raum in den Mittelgebirgen von Natur aus vor. Dummerweise schmeckt sie mindestens so gut wie die Buche. Nun raten Sie mal, was ihr Schicksal ist.

Ohne Pflanzungen von Fichte und Kiefer gäbe es vielerorts gar keinen Wald mehr, mit ihnen können Förster und Jäger am besten hohe Wildbestände vertuschen. Vertuschen? Ja, denn der Wald gehört ja im staatlichen, städtischen und gemeindlichen Bereich der Bevölkerung. Und nur der Jagdleidenschaft einiger weniger wegen werden die Buchenwälder geopfert, um für Nadelholzplantagen Platz zu machen. Viele Förster entgegnen, Fichtenplantagen seien doch viel wirtschaftlicher als Buchenwälder und dies wäre der eigentliche Grund für die Zunahme der Fichtenforste. Weit gefehlt! Deutschlands mittlerweile überwiegend aus Nadelhölzern aufgebauter öffentlicher Wald produziert im Durchschnitt kräftig rote Zahlen, er kostet die Bevölkerung jährlich mehrere hundert Millionen Euro[10]. Anfällige Fichtenplantagen, gepaart mit jagdlichen Missständen, ergeben eben keine profitablen Forstbetriebe.
Noch einmal zur Klarstellung: Der Bürger finanziert über seine Steuern Nadelholzplantagen, die für die wenigen Jäger und Förster als Jagdkulisse dienen.

Der „Brotbaum“

Vielleicht haben auch Sie schon einmal gehört, dass Fichte sehr rentabel sei, weil sie so schnell wachse und beispielsweise als Bauholz gefragt sei. Für Forstbetriebe sei ein gewisser Anteil an diesen wertvollen Nadelbäumen so wichtig, dass man sie als „Brotbaum“, als unverzichtbar für das finanzielle Überleben bezeichnen müsse. Auch die Forstwirtschaft unterliege schließlich den Gesetzen der Marktwirtschaft, und Angebot und Nachfrage regulierten den Preis.

Doch Fichten und Kiefern gibt es viel, und zudem in schlechter Qualität. Gute Holzqualitäten von Nadelbäumen kommen aus dem Norden, ihrer Heimat, also Skandinavien, Russland und Kanada. Baumärkte hierzulande werben folgerichtig, wollen sie auf beste Güte hinweisen, mit dem Prädikat „nordisch“. Unsere heimischen Industriewälder erzeugen dagegen überwiegend Billigware, da die Nadelbäume aufgrund des hier wärmeren Klimas unnatürlich rasch wachsen. Das daraus resultierende Holz ist weicher und wesentlich anfälliger für Fäulnis.

Eine erntereife Fichte bringt im Verkauf durchschnittlich 75 Euro Einnahme für den Waldbesitzer. Bäume hingegen, die als Sämling besonders gerne vom Wild gefressen werden, sind entsprechend seltener und das Holz damit auch teurer. Eiche und Buche bringen als dicker, erntereifer Stamm schon um 500 Euro, und den Vogel schießt die Vogelbeere, auch Eberesche genannt, ab. Sie ist ein heimischer Waldbaum und war schon Germanen und Kelten wichtig. Bis zu 6000 Euro kann der Stamm eines ausgewachsenen Exemplars bringen, denn

das Holz der Vogelbeere ist ein begehrter Rohstoff zur Herstellung edler Möbel.
Doch das Beste ist, dass Vogelbeerbäume überall wachsen können, in allen Wäldern und auf allen Böden. Vögel fressen die Beeren, transportieren sie quasi per Luftpost im Magen und lassen die übrig bleibenden Samen mit einem kleinen Düngerpaket irgendwo wieder fallen. Es kostet also keinen Cent, diese Bäume anzusiedeln. Und warum finden wir sie dann nicht überall? Damit sind wir wieder beim Problem der zu hohen Bestände von Rehen und Hirschen, also wieder bei der Jagd. Über die bevorzugte Winternahrung, die Laubbäume, hatten wir ja schon gesprochen. Aber genau wie Sie und ich haben auch Wildtiere Lieblingsspeisen. Das kann von Region zu Region wechseln, generell gibt es aber einen klaren Trend. Und ganz oben steht, wen wundert es, die Vogelbeere. Entsprechend selten ist sie im Wald, und ebenso teuer ist ihr Holz. Aber sagen nicht die Förster, dass Fichten so schnell wachsen würden? Nun ja, bezogen auf eine Eiche, die etwa 150 bis 200 Jahre braucht, um erntereif zu sein, mag die Fichte, die nur 100 Jahre braucht, rasch wachsen. Aber nicht so schnell wie die Vogelbeere. Ihr reichen schon um die 60 Jahre. Sie ist somit eine der profitabelsten Baumarten überhaupt. Nun könnte man als Bürger auf den Gedanken kommen, dass überall dort, wo keine Vogelbeeren im Wald wachsen, Förster und Jäger ihre Hausaufgaben nicht gemacht haben und Zustände herrschen, die man so nicht haben möchte. Also wurde die Vogelbeere schnell zum forstlichen Unkraut herabgestuft, die in den schönen Fichtenplantagen nur stört. „Verdämmendes Weichlaubholz“ heißt der dazugehörende Fach-

begriff; dabei ist Vogelbeerholz nicht weich, sondern so hart wie Eiche. Die Benennung als Unkraut hat den Vorteil, dass gleich jeder versteht, dass es zu nichts zu gebrauchen ist. Und wenn Unkraut die Plantagenbäume gefährdet, beseitigt man es am besten. Teilweise werden bis zum heutigen Tag die wenigen jungen Vogelbeeren, die von den Rehen verschont wurden, von Waldarbeitern im Rahmen der so genannten „Jungbestandspflege" abgesägt. Wer sollte als aufmerksamer Waldspaziergänger schon darauf kommen, dass hier der Wald sowohl wirtschaftlich als auch ökologisch abgewertet wird? An Bäumen, die es nicht mehr gibt, kann man keinen Schaden nachweisen. So ist im Wald offiziell alles in Ordnung, und die Höhe der Wildbestände wird im jeweiligen Revier weder von den Verantwortlichen noch von der Bevölkerung kritisiert.

Gewiss, es gibt hier und da auch positive Beispiele. In meinem Zuständigkeitsbereich hat sich eine fruchtbare Zusammenarbeit mit Jägern ergeben, denen neben dem Wild auch ein gesunder Wald sehr am Herzen liegt. Es finden in jedem Jahr gemeinsame Waldspaziergänge statt, um nachzusehen, wie es den kleinen Laubbäumen geht. Und gefüttert wird auch schon lange nicht mehr. Flächig gesehen ist das bisher Geschilderte aber leider Normalität, und da die meisten Informationen entweder über Jäger oder über Förster an die Öffentlichkeit gelangen, wird auch künftig nur wenig Kritisches darüber zu hören sein. Die meisten Jäger haben schließlich kein Interesse daran, diese für sie paradiesischen Zustände zu ändern. Und für Förster, die umfassend die

Öffentlichkeit informieren, ist die Konsequenz, dass sie auch etwas zur Beseitigung der Missstände unternehmen müssen. Das kann allerdings jahrelange harte Überzeugungsarbeit und auch die ein oder andere hässliche Diskussion mit jagdlichen Hardlinern bedeuten. In meinem Fall kam es sogar zu anonymen Drohbriefen.

Ausnahmen sind der ökologische Jagdverband, der eine an den Waldbedürfnissen ausgerichtete Jagd propagiert, sowie die „Arbeitsgemeinschaft naturgemäße Waldwirtschaft", in der ökologisch ganzheitlich denkende Förster und Waldbesitzer zusammengeschlossen sind. Beide Verbände stellen aber winzige Inseln im großen Meer der Jäger und Förster dar.

Lassen Sie mich noch einmal wiederholen: Solange es keine Raubtiere gibt, muss der Mensch die Bestände von Rehen und Hirschen so regulieren, dass junge Waldbäume wachsen können. Jagd ist somit per se nichts Schlechtes. Wenn sie aber zum Selbstzweck wird und neben dem Heranzüchten riesiger Wildtierherden auch noch die Rückkehr von Wolf und Co. verhindert, hat sie ihre Daseinsberechtigung verloren.

Und für die Buchenwälder wird es eng. Schwer vorgeschädigt durch Luftschadstoffe und das sich ändernde Klima wird ihre Fähigkeit, sich fortzupflanzen, drastisch eingeschränkt. Wenn die Reproduktion dennoch gelingt, sorgen überhöhte Wildbestände dafür, dass der Nachwuchs gleich wieder verschwindet. Und zurzeit ist, trotz öffentlicher Willensbekundungen vonseiten der Jagd- und Forstwirtschaft, eher eine Verschärfung dieser Zustände zu erkennen. Förster, die diese Missstände erkennen und auch ablehnen, gibt es schon. Aber die Mehrzahl kapituliert angesichts der geballten finanziellen und auch politischen Macht der Jagdlobby. Es wird Zeit, dass der Besitzer der staatlichen und gemeindlichen Wälder, die Bevölkerung, diesem Treiben ein Ende bereitet. Dazu muss aber erst einmal erkannt werden, dass etwas nicht in Ordnung ist. Verschiedene Zeichen deuten darauf hin, dass auch in Ihrer Umgebung ähnlich desaströse Zustände herrschen, wie Zäune, die um Laubholzpflanzungen gezogen wurden, weiße Paste auf Knospen junger Bäume oder ca. ein Meter hohe „Wuchshüllen" um Setzlinge, die wie weiße Pappröhren aussehen.

Ein weiteres, aber nicht ganz so auffälliges Zeichen ist das massierte Vorkommen bestimmter Pflanzen im Wald. Fingerhut, Ginster, Fuchskreuzkraut und Brombeere, in Kiefernplantagen auch die Traubenkirsche, sind, in großer Zahl, sichere Zeichen dafür, dass der Wald mit Rehen und Hirschen völlig übervölkert ist. Das hängt mit dem Überweidungseffekt zusammen. Stellen Sie sich eine große Viehweide mit friedlich grasenden Kühen vor. Natürlich wird zuerst das gefressen, was besonders gut schmeckt. Leckere Kräuter kommen als Erstes dran, Brennnesseln und Disteln werden nicht angerührt. Die Kräuter treiben zwar wieder aus, werden dann aber sofort wieder abgeweidet. So werden sie immer schwächer, während sich zum Beispiel Brennnesseln allmählich weiter ausbreiten, da sie ja von den Kühen nicht behelligt werden. Ganz im Gegenteil, die Kühe helfen den Brennnesseln sogar, indem sie lästige Konkurrenten beseitigen. Und wenn der Bauer nicht eingreift, verkommt die Weide immer mehr zu einem Brennnessel- und Distelfeld. Die leckeren Kräuter werden seltener und seltener, sodass sich die Kühe nun noch gieriger auf diese

Leckerbissen stürzen. Je länger dieser Vorgang andauert, desto schneller verschwinden die Kräuter, bis die Weide irgendwann nicht mehr alle Kühe ernähren kann.
Genauso läuft es in den deutschen Wäldern, und dort, wo Sie die oben erwähnten Waldpflanzen in größeren Mengen antreffen, sind genau die gleichen Prozesse am Werk. Es verschwinden eben nicht nur bestimmte Wildkräuter, sondern auch die meisten kleinen Laubbäume.

Aber wo ist es denn, das viele Wild? Gewiss, hier und da ist mal ein Reh irgendwo auf einer Wiese zu sehen, aber so schlimm scheint es doch gar nicht zu sein. Die geringe Sichtbarkeit hängt mit der schon zuvor beschriebenen Änderung des Verhaltens zusammen. Erst des Nachts, wenn die meisten Menschen aus Wald und Feld verschwunden sind, tauchen die Wildtiere wieder aus ihren Verstecken auf. Lediglich mancher Autofahrer, der im Dunklen unterwegs ist, macht unliebsame Begegnungen mit plötzlich im Scheinwerferlicht auftauchenden Tieren. Die hohe Zahl an Wildunfällen belegt ebenfalls, dass mehr Tiere unterwegs sind, als unsere Beobachtungen tagsüber vermuten lassen[11].

Zeckentankstelle

Mit dem vorherigen Kapitel wollte ich Sie ermutigen, öfter einmal durch die heimischen Wälder zu streifen und nachzusehen, wie es dort den Buchen geht. Doch seit einigen Jahren ziehen dunkle Wolken am Himmel der Naturliebhaber auf.

Ein kleines Tierchen schickt sich an, uns allen den Waldspaziergang zu verleiden: Die Zecke. Sie ist bis zu vier Millimeter groß, gehört zu den Spinnentieren und hat es auf unser Blut abgesehen. Na ja, eigentlich nicht auf unser Blut, sondern das von Hirschen, Rehen und anderen Warmblütern. An sich wäre ein Zeckenbiss für uns kein Problem, sondern höchstens lästig. Dummerweise übertragen Zecken aber auch Krankheiten, die dem Menschen gefährlich werden. Und – wie könnte es anders sein – kommt hier die Jagd wieder ins Spiel. Aber der Reihe nach.

In den siebziger Jahren tauchte in dem Städtchen Lyme im Nordosten der USA eine geheimnisvolle Krankheit auf. Besonders Kinder wurden von merkwürdigen Gelenkentzündungen betroffen. Der Schweizer Arzt Willy Burgdorfer erkannte als Ursache eine Infektion mit Schraubenbakterien, sogenannten Borrelien. Der Name „Lyme-Borreliose" war geboren. Aber woher kam diese unbekannte Bedrohung?
Durch das Gebiet der Stadt Lyme fließt ein Fluss. Bei genaueren Recherchen stellte man fest, dass die Krankheit gehäuft bei Personen, die sich auf einer bestimmten Seite aufgehalten hatten, auftrat, während auf der anderen Flussseite praktisch nichts vorgefallen war. Das gab weitere Rätsel auf. Fieberhaft fahndete man nach den Zusammenhängen und fand Überraschendes. Auf der „gefährlichen" Seite des Flusses hatten sich in den Jahren vor dem Auftreten der Krankheit Weißwedelhirsche stark vermehrt, die auf der anderen Seite kaum anzutreffen waren. Schnell war das letzte Glied der Kette entdeckt, die Zecke. Durch die stark im Bestand gestiegenen Hirsche

konnten sich derart viele Zecken vermehren, dass sich die durch sie übertragene Krankheit massiv ausbreiten konnte. Auch in Deutschland wurde das Problem in den 80er Jahren bekannt. Nur wollte und will man hier den Zusammenhang mit überhöhten Wildtierbeständen nicht diskutieren. Stattdessen gelten die Klimaveränderung und die damit einhergehenden milden Winter als Ursache für die starke Vermehrung der kleinen Plagegeister. Dabei sorgt ein einziger Hirsch für eine riesige Zahl von Zecken im Wald. Erwachsene Zeckenweibchen legen nach der Paarung etwa 3000 Eier, anschließend sterben sie. Die Reifung des schlüpfenden Nachwuchses dauert, von verschiedenen Blutmahlzeiten unterbrochen, etwa ein Jahr. Die erwachsenen Tiere können jahrelang auf ein vorbeilaufendes Säugetier warten, ohne zu verhungern. Da Hirsche teilweise über 100 Zecken beherbergen, warten nach wenigen Jahren Hunderttausende dieser Parasiten in den Büschen, die auf diesen einen Wirt zurückzuführen sind. Bei teilweise 10 Hirschen und mehr pro Quadratkilometer, zuzüglich von 30 bis 50 Rehen und etlichen Wildschweinen kann man erahnen, wie viele Zecken sich mithilfe ihrer tierischen Bluttankstellen dort tummeln. Und noch ein weiteres Indiz kann diesen Zusammenhang bestätigen. Landläufig sagt man dem Ginster, einem im Frühjahr gelb blühenden Strauch, nach, Heim- und Brutstätte von Zecken zu sein. Bedingt stimmt das sogar. Ginster schmeckt Rehen und Hirschen nicht, er ist auch leicht giftig für sie. Wo diese Tiere alles andere wegfressen, können sich derartige Sträucher besonders gut ausbreiten, denn sie werden durch ihre tierischen Helfer sozusagen kostenlos von ihren Konkurrenzpflanzen befreit. Der Schluss, wo viel Ginster, da viel Wild, ist also erlaubt. Und wo viel Wild ist, gibt es eben auch viele Zecken.

Eine Borreliose-Infektion läuft folgendermaßen ab: Zunächst einmal lauert eine Zecke im Wald auf Sie. Diese sitzt nicht etwa in den Bäumen, wie so viele meinen. Denn wollte sie sich dann auf Sie fallen lassen, müsste sie schon einen Bordcomputer in Kühlschrankgröße dabeihaben. Wind, Fallhöhe und -beschleunigung, Ihre Laufrichtung und -geschwindigkeit müssten berechnet werden, um dann den idealen Absprungzeitpunkt zu ermitteln. Aber die Zecke ist bekanntlich nur maximal vier Millimeter groß. Also macht sie das anders. Sie erklimmt Grashalme oder Sträucher und wartet dort in etwa 30 bis 50 Zentimeter Höhe auf ihr Opfer. Also auch auf Sie. Kommen Sie entlangspaziert, registriert das kleine Wesen Ihren Atem und auch Ihren Schweiß. Haben Sie einen etwas schwereren Schritt, dann kann es sogar die Erschütterungen empfangen. Sofort geht das Tierchen in Alarmstellung und macht sich reisefertig. Streifen Sie nun auf Ihrem Marsch durch das Unterholz am Aufenthaltsort des kleinen Räubers vorbei, so klammert dieser sich an Ihren Beinen oder Ihrer Hose fest. Das ist erst einmal Ihre Chance, den ungebetenen Gast auch wieder loszuwerden. Schauen Sie nach jeder Tour querfeldein kurz auf der Vorderseite Ihrer Hose oder den Beinen nach, ob da ein kleines schwarzes Pünktchen krabbelt. Denn je nach Entwicklungsstadium können diese auch nur einen Millimeter Größe haben. Wir gehen jetzt einmal davon aus, dass Sie das nicht getan haben. Die Zecke krabbelt also munter weiter und sucht sich ein ruhiges

Plätzchen, bevorzugt werden dünne Hautstellen. Von einem Extremfall kann ich selbst berichten. Nach einer zweitägigen Tour durch den Wald, bei der ich auch im Schlafsack auf dem Boden übernachtete, biss sich eine Zecke in meinem Trommelfell fest. Neben den unangenehmen Geräuschen war auch das Entfernen beim Arzt eine unschöne Sache.

Bleiben wir bei unserem Beispiel. Die Zecke sitzt jetzt also bei Ihnen fest. Und nun läuft die Zeit. Entdecken und entfernen Sie sie jetzt, besteht noch keine große Gefahr. Es dauert noch einige Stunden, bis sie mit ihrer Blutmahlzeit beginnt, und erst beim Trinken schüttet sie zusammen mit gerinnungshemmenden Substanzen auch einige der Schraubenbakterien in die Wunde.

Das Entfernen besorgen Sie am besten mit einer Pinzette oder einer speziellen Zeckenzange, die es in jeder Apotheke gibt. Entgegen der mancherorts verbreiteten Meinung, man dürfe sie nur links oder rechts herum herausdrehen, genügt ein Zug nach oben, und raus ist sie. Wichtig ist nur, dass der Leib nicht gequetscht wird, denn dann drückt man den Mageninhalt mitsamt den Bakterien in die Wunde. Auch das Bestreichen mit Klebstoff oder Öl zum Zwecke der Abtötung der Zecke bewirkt, dass diese im Todeskampf Magensekrete in die Wunde gibt. Bleibt der Rüssel in der Haut stecken, spielt das keine Rolle. Er wird mit der Hautneubildung nach einigen Tagen abfallen.

Haben Sie die Zecke zu spät oder gar nicht entdeckt, so beginnt diese nach einigen Stunden mit ihrer Mahlzeit. Damit das Blut nicht gerinnt und die Wunde verschließt, spritzt sie ein gerinnungshemmendes Mittel in die Wunde.

Und damit leider auch die Bakterien. Ob Sie die Zecke jetzt oder später, oder gar nicht, entdecken, spielt für die Infektion keine große Rolle mehr. Die Bakterien wandern in den nächsten Tagen durch den Blutkreislauf und sorgen in einigen Fällen für leichte, grippeartige Erkrankungen. In der Hälfte aller Infektionsfälle bildet sich um die Bissstelle auch eine Hautrötung, die sogenannte Wanderröte. Diese Rötung vergrößert sich ständig und kann mehr als 10 Zentimeter Durchmesser erreichen. Dieses Hautbild ist eindeutig, daher sollten Sie in diesem Fall sofort einen Arzt aufsuchen. Mit einer Antibiotika-Behandlung ist die Borreliose in einem frühen Stadium in den Griff zu bekommen. Aber das Warnbild auf der Haut gibt es, wie gesagt, nur in der Hälfte aller Fälle. Bei allen anderen verziehen sich die Bakterien nach einigen Wochen erst mal in schlecht durchblutete Körperteile, wie zum Beispiel den Knorpel von Gelenken. Von hier aus starten sie ihre Attacken, oft erst nach jahrelanger Pause. Rheumaartige Beschwerden, Herzkrankheiten, die Palette der Symptome ist vielfältig. In diesem Spätstadium ist die Borreliose nur noch schwer, manchmal auch gar nicht mehr einzudämmen.
Als wäre das nicht genug, gibt es da noch die Hirnhautentzündung (FSME), ebenfalls von Zecken übertragen. Hierbei handelt es sich um ein Virus, das, genau wie die Borreliose, während der Zeckenmahlzeit in unseren Körper gelangt. Es verursacht heftige, grippeartige Erkrankungen, von denen bei Erwachsenen etwa 20 Prozent zu dauerhaften Beeinträchtigungen führen.
Für den Waldspaziergänger wichtig ist die Frage, wie hoch das Risiko eigentlich ist, eine der beiden Krankheiten als Anden-

ken mitzunehmen. Zunächst einmal spielt es eine entscheidende Rolle, ob Sie Waldwege benutzen oder querfeldein gehen. Auf Waldwegen ist das Risiko minimal, überhaupt mit Zecken in Kontakt zu kommen, querfeldein ist es drastisch erhöht. Dann ist die Jahreszeit ein Faktor, denn unter zehn Grad Außentemperatur sind Zecken kaum aktiv, im tiefen Winter gar nicht mehr. Im sonnigen Sommer dagegen tummeln sie sich munter auf Gräsern und Sträuchern. Je nach Region enthalten bis zu 50 Prozent von ihnen den Borreliose-Erreger. Das Risiko ist, je nachdem wie schnell Sie die Zecke entdecken und entfernen, also relativ groß. Zur Sicherheit sollte jeder, der viel draußen unterwegs ist, bei sowieso stattfindenden Blutabnahmen auch eine Untersuchung auf Borreliose in Auftrag geben. Bei der Hirnhautentzündung sieht die Sache anders aus. Selbst in Risikogebieten, und der größte Teil Deutschlands gehört nicht dazu, tragen nur etwa ein Prozent der Zecken das Virus in sich. Und auch dann erkranken nur etwa 30 Prozent der infizierten Personen. Eine Impfung ist in den Hauptrisikogebieten möglicherweise sinnvoll, in den übrigen Teilen Deutschlands ist es nur ein gutes Geschäft für Apotheker.

Räuber und Beute

Ich habe in den vorangegangenen Kapiteln von einigen Phänomenen berichtet, die fast unglaublich klingen, wie Pflanzenkommunikation oder auch die ausgeprägte Lern- und Anpassungsleistung der Wildtiere. Unglaublich möglicherweise deshalb, weil die meisten von uns, Sie und mich eingeschlossen, auf eine ganz besondere Art und Weise durch unsere Bildung geprägt wurden. Wahr ist nur das, was sich wissenschaftlich beweisen lässt. Schon in der Schule lernen wir, nur das als richtig anzuerkennen, was man experimentell oder anhand von Berechnungen nachvollziehen kann. Da niemand alles selbst beweisen kann, gilt die Übereinkunft, dass alles, was die Wissenschaft schon herausgefunden hat, wahr und richtig ist. Höchstens den einen oder anderen Fall vollzieht man als Schüler im Chemielabor nach, um die Systematik zu verstehen und Vertrauen in das System aufzubauen. Als Erwachsener, durch eine ähnlich gestaltete Berufsausbildung verstärkt, festigt sich die Überzeugung. Und das ist in der Regel auch gut so. Denn wir müssen uns auf die Beweisführungen anderer verlassen, um uns in unserer Umwelt zurechtzufinden. Doch soll das das Einzige sein, auf das wir bauen? Wissenschaftliche Fakten sind doch nie etwas Endgültiges; sie verändern sich im Laufe der Jahre erheblich, werden revidiert, umgestoßen, vertieft, verworfen. Zum Beispiel galten die Dinosaurier lange Zeit als kaltblütige Dummerchen, die mit einem winzigen Gehirn träge durch die Gegend stapften und dann schließlich ausstarben. Heute weiß man, dass es warmblütige Tiere waren, die wieselflink in der Landschaft unterwegs waren. Oder denken Sie an den Quastenflosser, eine altertümliche Fischart. Noch vor 70 Jahren nahm man an, dass er vor 65 Millionen Jahren ausgestorben sei. 1938 fand man dann plötzlich im Indischen Ozean ein Exemplar in Fischernetzen und musste verblüfft feststellen, dass diese Fische der örtlichen Bevölkerung wohl bekannt waren.

Tiere galten die längste Zeit als dumme und dumpfe Mitgeschöpfe. Heute weiß man, dass ihre Sinne fein genug sind, um Erdbeben oder Unwetter vorauszuahnen. So stellen sich die übersichtlichen Kategorien, in die der Mensch das Leben zum Zwecke der Erfassbarkeit einteilt, oft genug als vorschnell heraus. Die Natur um uns herum, beunruhigend durch ihre millionenfachen Lebensformen und ihre Komplexität, wird nicht nur katalogisiert, sie wird auch kategorisiert, wird in „nützlich“ und „schädlich“ unterteilt. Dazwischen gibt es selten viel Raum. Die meisten von uns haben das derart verinnerlicht, dass die vermeintliche Nützlichkeit für Natur und Mensch auch die Sympathie für das Tier bestimmt. Nach dieser Wertung hoch eingestufte Lebewesen gelten automatisch als besonders schützenswert. Nehmen wir als Beispiel die Rote Waldameise. Gemäß dieser Weltanschauung ist sie nützlich, denn sie hilft, Schadinsekten in den Forsten zu vertilgen. Zudem hat sie den Titel „Waldpolizei“ erhalten, weil sie auch tote Kleintiere frisst und somit beseitigt. Doch der Ameise ist unser Gedankengebäude ziemlich egal. Gefressen werden natürlich auch Insektenarten, die vom Aussterben bedroht sind. Sie kann ja nicht erkennen, was wir gerade in gut oder schlecht eingeteilt haben. Wenn so ein Ameisenvolk Hunger hat und Nachwuchs versorgen muss, wird eben alles Verfügbare, das schmeckt, verzehrt. Darunter auch mal Puppen äußerst seltener Schmetterlinge, wie etwa dem Perlmutterfalter. Aber das blenden wir mit unserer starren Güteeinteilung gerne aus. Waldameisen sind gut und werden geschützt und basta.

Nun zur anderen Kategorie, den Schädlingen. Da wäre zum Beispiel die Elster. Sie ist als Plünderer von Singvogelnestern verschrien (zu denen sie übrigens auch gehört). Natürlich stimmt es, sie frisst Eier und Jungvögel anderer Arten. Und schnell fordert man: Gebt die Elstern zum Abschuss frei. Tatsächlich darf seit einigen Jahren in vielen Bundesländern wieder Jagd auf diese Vögel gemacht werden. Also müssten es doch wieder weniger werden. Nur so einfach funktioniert das nicht. Wenn es zu viele Elstern und damit zu wenig Brutreviere gibt, brütet ein großer Teil der jüngeren nicht mehr. Stattdessen wandern sie im Herbst in großen Mengen Richtung Süden, auf der Suche nach neuen Lebensräumen, wobei ein hoher Prozentsatz ums Leben kommt. Greift nun der Mensch per Abschuss ein, so werden wieder Brutreviere in Deutschland frei, und weniger Vögel müssen wegwandern. Stattdessen brüten mehr jüngere Exemplare. Die Tötung von Elstern ändert also nichts an ihrer Anzahl hier bei uns. Entscheidender ist, dass die Veränderung der Umwelt im städtischen Bereich, wie zum Beispiel offene Müllkippen mit Nahrungsresten, mehr Brutreviere ermöglicht, wodurch die Anzahl der Elsternpaare in den Vorgärten steigt. Wollte man also deren Zahl wirksam reduzieren, müsste der natürliche Lebensraum wiederhergestellt werden.

Das possierliche Eichhörnchen, welches wir auch in Form von Kuscheltieren fürs Kinderzimmer verewigen, frisst übrigens genau so gerne kleine Vogelkinder. Aber es steckt eben in der Schublade „süß“ und ist damit über jeden Zweifel erhaben. Marienkäfer sind die Lieblinge von Gärtnern, denn sie fressen unter anderem Blattläuse. Aber auch hier ist die Sache nicht so einfach. Vielleicht ist es an der Zeit, die Beziehung von Räubern und Beutetieren einmal kurz zu skizzieren.

Nach landläufiger Meinung können nützliche Raubtiere, zum Beispiel Marienkäfer, ihre für uns schädlichen Beutetiere, hier Blattläuse, ganz drastisch zurückdrängen. Viele Gärtner schwören daher auf diese kleinen, vorgeblichen Helfer. Leider helfen diese dem Gärtner dann doch nicht. Denn wenn der Marienkäfer dies täte, würde er seine eigene Lebensgrundlage dezimieren. Es ist vielmehr genau umgekehrt: Die Blattläuse bestimmen die Anzahl der Marienkäfer. Gibt es also viele Blattläuse, können auch viele Marienkäfer überleben. Reduziert sich die Zahl der Läuse, zum Beispiel durch Krankheiten, so werden es auch weniger Käfer. Marienkäfer kann man also am besten schützen, in dem man vielen Blattläusen eine Lebensgrundlage bietet. Aber das will der Gärtner ja gerade nicht.

Etwas komplizierter ist die Sache mit dem Wolf. Wir alle haben als Kinder die Geschichte vom Rotkäppchen gehört und verinnerlicht, dass der Wolf ein Bösewicht und gefährlicher Geselle ist. Die sechs Wolfsrudel werden dementsprechend misstrauisch beobachtet. In Wahrheit ist er aber für Menschen weitgehend ungefährlich. Nutztiere wie beispielsweise Schafe lassen sich zudem so halten, dass er keine Chance hat, sich an dieser etwas trägen Beute zu bedienen. Interessanter ist sein Einwirken auf die überhöhten Reh- und Hirschbestände. Viele Ökologen und Waldliebhaber sehen in der Rückkehr solcher Raubtiere die Chance, unsere Wälder wieder gesunden zu lassen. Ein russisches Sprichwort sagt: „Wo der Wolf lebt, wächst der Wald". Da es Erfahrungen in der Auswirkung großer Raubtiere auf deren Beutetiere bei uns nicht gibt, müssen wir einen Blick nach Kanada werfen. Dort hat man auf einer isolierten Insel das Zusammenspiel Wolf-Elch wissenschaftlich begleitet. Der Elch ist die größte Hirschart der Welt und ernährt sich unter anderem von jungen Waldbäumen. Auch er verursacht bei zu hohen Bestandszahlen die gleichen negativen Effekte auf Laubwälder wie unsere Rehe und Hirsche. Auf dieser Insel galt: Je mehr Elche es gab, desto größer wurde die Anzahl der Wölfe. Während des Anwachsens des Elchbestandes wurden die Jungbäume der Insel stark geschädigt; der Baumnachwuchs hatte kaum eine Chance, den hungrigen Elchmäulern zu entgehen. Somit war die maximale Zahl der Elche abhängig vom Nahrungsangebot der Insel. In den ersten Jahren nun wuchs der Bestand stetig weiter, parallel dazu erhöhte sich auch die Zahl der grauen Räuber. Allerdings hinkte die Vermehrung der Wölfe denen der Elche immer etwas hinterher. Und so kam es, dass der Höhepunkt der Wolfsvermehrung viele Monate hinter dem des Elchbestandes lag. Plötzlich waren zu viele Räuber da, denn die Wölfe hatten so viele Elche gejagt, dass sich deren Zahl in kurzer Zeit erheblich reduzierte. Die Jagd wurde immer schwieriger, da kaum noch Beute gemacht werden konnte, und etliche Wölfe verhungerten. Und mit der Reduzierung des Wolfsbestandes wuchs dann wieder die Zahl der Elche. Ein solcher Zyklus dauerte viele Jahre. Doch durch dieses ständige Auf und Ab, diese Wellenbewegung im Elchbestand konnte der Inselwald überleben. Es gab immer wieder jahrelange Verschnaufpausen für den Jungwald, in denen er ungestört heranwachsen konnte. Wurden die Elche wieder zahlreicher, so hatten etliche der kleinen Bäume bereits eine Höhe erreicht, in der die großen Pflanzenfresser ihnen nicht mehr gefährlich werden konnten.

Welche Lehren können wir daraus ziehen? Auch in einem Wald, in dem Wölfe, Luchse und Bären leben, fressen Rehe und Hirsche junge Laubbäume. Durch das Vorhandensein der großen Raubtiere ergeben sich aber Schwankungen in der Höhe der Bestände, die dem Jungwald genügend Überlebenschancen geben. In einem solchen Wald lassen sich also Fraßschäden an kleinen Bäumen zeitweise tolerieren.

Die Natur in Schubladen einteilen zu wollen, führt oft in die Irre. Eine Kreatur, mit der man dies ebenfalls immer wieder machte, ist der Fuchs. Als Überträger der Tollwut und mit einem Speiseplan, der Kaninchen, Wild- und Haushühner beinhaltet, galt er seit jeher als Schädling. Abgesehen, davon, dass er sich überwiegend von Mäusen und Regenwürmern ernährt, ist es auch sonst nicht in Ordnung, was man ihm alles antat. In den 60er und 70er Jahren wurden die Füchse in ihren Bauen vergast, und wenn dies nichts half, wurde der Bau aufgegraben und die Jungtiere erschossen oder erschlagen. Da, ähnlich den Elstern, unter natürlichen Bedingungen nicht alle weiblichen Füchse Nachwuchs bekommen, wurden nun die freigewordenen Reviere sofort wieder besetzt. Füchse leben zwar grundsätzlich als Einzelgänger, in manchen Gebieten haben sie aber dennoch eine lose Rudelstruktur. Das ist vor allem bei der Fortpflanzung von Bedeutung. Das weibliche Leittier ist, ähnlich wie bei den Wölfen, eines der wenigen, das Nachwuchs haben darf. Die sexuellen Instinkte der anderen

Weibchen sind unterdrückt. Dadurch wird der Bestand im jeweiligen Fuchsrevier stabil gehalten[12]. Schießen Jäger nun viele dieser Tiere, ist die Chance groß, auch das Leittier zu treffen. Stirbt es, so können sich alle anderen Weibchen paaren, ihren Nachwuchs austragen und zur Welt bringen. Die Jagd auf Füchse ist demnach zur Bestandsregulierung nur bedingt geeignet. Ihre Zahl hat sich durch diese Ausrottungsmaßnahmen folglich nicht wesentlich geändert. Auch heute noch werden viele Füchse geschossen, mit dem gleichen Ergebnis.

Ein anderer Regulator ist die Tollwut. Bei hohen Fuchsbeständen gibt es viele Tiere, die kein Revier finden. Diese müssen dann viel wandern, in der Hoffnung, doch noch ein ruhiges, freies Plätzchen zu finden. Je mehr Füchse ohne Revier es gibt, desto weitere Strecken müssen sie zurücklegen, und desto geringer ist die Chance, doch noch fündig zu werden. Diese weiträumigen Bewegungen bewirken viele Kontakte mit anderen Füchsen, sodass sich eine Krankheit wie die Tollwut umso schneller ausbreiten kann, je mehr es von den roten Gesellen gibt. Ab einer bestimmten Fuchsdichte schlägt die Tollwut so zu, dass die Bestände in kurzer Zeit wieder kräftig absinken. Aber da auch der Mensch an Tollwut erkranken kann, sollte es diese Krankheit nicht mehr geben. Nachdem die Beseitigung der Tollwutträger nicht geklappt hatte, wurde die Strategie geändert. Alle Füchse sollten geimpft werden. Nun kann man schlecht Tierärzte durch die Wälder schleichen lassen, um die pfiffigen Kerlchen zu fangen und ihnen eine Spritze zu verpassen. Die Behörden ersannen etwas anderes. Um die Füchse gegen die Tollwut zu immunisieren, werden seit vielen Jahren Impfköder per Flugzeug abgeworfen. Das sind kleine Päckchen aus gepressten, gefrorenen Fischabfällen und anderen für Füchse leckeren Dingen, in deren Inneren sich eine ein Zentimeter große Plastikkapsel mit flüssigem Impfstoff befindet. Beißt der Fuchs beim Fressen darauf, so tritt die Flüssigkeit aus und er ist geimpft.

Die Tollwut ist dadurch weitgehend verschwunden. Aber jetzt treten andere Krankheiten an ihre Stelle. Füchse werden, da ihre Zahl und damit ihre Kontakte untereinander rapide steigen, rasend schnell mit dem Fuchsbandwurm infiziert. Dieser Darmparasit ist für den Fuchs relativ harmlos; der Wurm stiehlt sich gewissermaßen nur einen Teil des Darminhalts. Die ausgeschiedenen, staubförmigen Eier jedoch werden von Mäusen während ihrer Nahrungssuche unabsichtlich aufgenommen. In ihren inneren Organen bilden sich dann Blasen mit Bandwurmlarven. Dadurch kränkeln die Mäuse und werden immer langsamer. Sie sind bald eine leichte Beute für den Fuchs, den die Larven aus der Maus dann freudig besiedeln. So weit so gut. Nimmt nun aber der Mensch, beispielsweise beim Essen von Waldbeeren, diese winzigen Eier auf, so tritt er an die Stelle der Maus. Er wird natürlich nicht vom Fuchs gefressen, aber ansonsten läuft es ähnlich. Nach jahrelanger, beschwerdefreier Zeit (in der sich schon die Blasen mit Larven gebildet haben) treten plötzlich massive Probleme auf. Leber und andere innere Organe sind dann schwerst geschädigt. Oft ist keine Rettung mehr möglich. Der Befall lässt sich frühzeitig über eine Blutuntersuchung durch den Nachweis von Antikörpern feststellen. Durch die, teilweise lebenslange, Einnahme von Medikamenten kann im weiteren Verlauf ein tödlicher Ausgang verhindert werden. Infektionen des Menschen mit Fuchsbandwurmeiern finden übrigens jedoch weniger über das Essen von Waldbeeren und Pilzen statt. Die meisten Fälle werden vielmehr von Hunde- und Katzenbesitzern gemeldet. Leider können sich deren Haustiere beim Fangen von Mäusen oder auch beim Kotverzehr anstecken. Für die vierbeinigen Lieblinge ist das ebenso wenig gefährlich wie für den Fuchs; ganz anders sieht das für den Besitzer aus. Da die Tiere nach einiger Zeit ständig winzige Bandwurmeier ausscheiden, ist das Infektionsrisiko im eigenen Heim wesentlich höher als im Wald. Dies ist ein schönes Beispiel dafür, welch weitreichende Folgen die Regulierungsversuche des Menschen haben. In diesem Fall wurde die Tollwut gegen den Fuchsbandwurm eingetauscht. Man arbeitet jetzt übrigens daran, die Füchse über Köder auch dagegen zu behandeln. Wir werden sehen, mit welchem Ergebnis.

Diese Beispiele als Beleg für das komplexe Wirken der Natur, ihre Vielfältigkeit, und für unseren, trotz aller Forschung, noch sehr geringen Wissensstand zu akzeptieren, fällt uns oft schwer. Doch noch immer hat sich herausgestellt, dass jede Lebensform ihre Daseinsberechtigung hat, egal ob sie als Kuscheltier oder als für unser Empfinden hässliches, schleimiges Wesen auftritt. Sie alle spielen ihre Rolle im Kreislauf der Natur und sind, wenn man sie nicht durch unsere Augen sieht, schädlich und nützlich zugleich. Als ich das letzte Mal mit meinen Kindern darüber sprach, fragten sie mich: „Papa, welchen Nutzen haben denn Zecken?“ Darauf musste ich allerdings fürs Erste eine Antwort schuldig bleiben.

Was sich so Forstwirtschaft nennt

Rohstoffquelle Wald

Schon sehr früh nutzten Menschen Buchenholz als leicht verfügbare Energiequelle. Zunächst für das heimische Herdfeuer der Steinzeitbewohner, wurde Buche später auch für die Metallverarbeitung gebraucht. Bis zum Aufkommen von Steinkohle wurde Buchenholz, wie auch Holz anderer Laubbäume, in Form von Holzkohle genutzt. Überall in den Wäldern qualmten Kohlenmeiler vor sich hin; erdbedeckte Haufen, in denen das Holz durch Luftmangel nicht verbrannte, sondern zu Holzkohle wurde. Dabei ging der größte Teil des Holzes verloren und der Vorgang war sehr arbeitsaufwendig, weshalb die Bevölkerung für Heizzwecke nur unverkohltes Holz verbrannte. Doch trotz der schlechten Energieausbeute hatte das fertige Produkt einen ausschlaggebenden Vorteil. Es wog sehr wenig und war dadurch leicht über größere Entfernungen zu transportieren. Bewacht wurden die Meiler von Köhlern, die über den gesamten Verkohlungsprozess, der etwa zwei Wochen dauerte, im Walde hausten. Immer wieder mussten sie kontrollieren, ob der Erdmantel über dem Holz auch dicht war, denn sonst zog Luft durch den Holzstapel und der ganze Haufen verbrannte zu Asche. Da sie am Ende des Prozesses den Vorgang stoppen mussten, waren diese Meiler immer in der Nähe eines Baches; dort gab es genügend Löschwasser.

In der Nähe von derart genutzten Bächen finden Sie auch heute noch flache, kreisförmige Plätze mit einem Durchmesser von 5 bis 10 Metern als Überreste dieser Zeit. Wenn Sie dort Laub und Humus beiseiteschieben, kommt manchmal noch alte Holzkohle zum Vorschein. Allein in meinem Revier gibt es rund 100 solcher Köhlerplätze.

Heutzutage werden Buchenstämme für vielerlei Zwecke verwendet, als Brennholz, Spanplatten, Eisenbahnschwellen, Zellstoff, hauptsächlich aber für Möbel. Von den besonders alten und dicken Buchen, die glatte Stämme ohne Faulstellen und Astnarben haben, werden zunehmend höhere Anteile nach China exportiert. Kaum zu glauben, aber wahr: Deutschland verhält sich in diesem Punkt wie ein Entwicklungsland. Industrienationen zeichnen sich sonst dadurch aus, dass sie nur bearbeitete Güter, nicht aber Rohstoffe ausführen.

Wichtiger ist jedoch die Tatsache, dass diese Stämme aus den wenigen uns verbliebenen Gebieten, die dem Buchenurwald noch ähneln, stammen.

Häufig wird die Vernichtung von tropischem Regenwald kritisiert. Diese Vernichtung ist ökologisch und moralisch fragwürdig, zumal diese grünen Lungen der Erde wahre Schatzkammern der Artenvielfalt sind. Allerdings besitzen etliche der gescholtenen Länder noch beachtliche Anteile an Urwald. Das reiche Deutschland hat, anders als in dem einen oder anderen Touristikprospekt zu lesen, definitiv keinen Urwald mehr. Und die wenigen, zwar beeinflussten, aber dennoch dem ursprünglichen Wald sehr nahe kommenden alten Buchenwälder werden in Zeiten leerer öffentlicher Kassen vorschnell gefällt, sodass die Fläche dieses Waldtyps stetig abnimmt.

Nach einer Studie des Bundesamtes für Naturschutz lag der Anteil von Buchenwäldern mit Bäumen über 160 Jahren Alter (das entspricht einem menschlichen Alter von 30 Jahren) im Jahre 2004 bei nur noch 0,16 Prozent der Landfläche Deutschlands – Tendenz fallend[13]. Hierbei eingerechnet waren optimistischerweise auch Wälder, in denen bereits zwei Drittel der Altbuchen der Säge zum Opfer gefallen waren.

Herunterbewirtschaftet

Wie wird denn so ein Wald im Einzelnen „bewirtschaftet"? Gehen wir einmal von einem Buchenwald aus, der um die 160 Jahre alt ist, ein stattliches Alter, in dem bisher nur sehr wenige Bäume gefällt wurden, und der ein Nachfahre der alten Urwälder ist. Dort wurden zwar seit Generationen Bäume gefällt, aber unser Buchenwald hatte trotzdem immer Bestand. Dies bedeutet, dass er auch noch auf altem Urwaldboden steht, einem Boden, der durch den Menschen kaum beeinflusst wurde und daher weiterhin besonders gute Eigenschaften aufweist. Auch genetisch ist unser Wald noch wenig verändert, da sich die Bäume stets selbst vermehren konnten und keine Anpflanzungen mit Buchen aus anderen Regionen stattfanden. Soweit die Ausgangslage unseres Beispielwaldes; solche Wälder gibt es in Deutschland aber leider nur noch im Promillebereich.

Wenn die „Bewirtschaftung" beginnt, wird der Wald zunächst aufgelockert. Dies geschieht, über Jahre verteilt, durch das Fällen von mehr als 50 Prozent der Bäume. Für den Buchenwald ist dies der erste Schock. Nicht nur dass Lebensgemeinschaften getrennt werden, auch das Waldklima, Temperatur und Feuchtigkeit, beginnen sich weitreichend zu ändern. Einige Buchen, die auf einmal in der Sonne stehen, bekommen eine Art Sonnenbrand und ihre Rinde platzt ab. Andere werden durch diese Eingriffe so unter Stress gesetzt, dass sie beginnen, von oben herab abzusterben. Wenn Sie sich einen alten, aber bewirtschafteten Buchenwald anschauen, sehen Sie viele abgestorbene Äste im oberen Kronenbereich, ein Alarmzeichen ersten Ranges. In dieser Zone ist der Baum in der Regel am vitalsten, hier wachsen jedes Jahr neue Äste. Eine Faustregel für solch alte Wälder ist, dass bei einer Fällung von mehr als 30 Prozent der Bäume das Ökosystem Wald zusammenzubrechen beginnt. Die Förster erhoffen sich durch diese Maßnahmen Naturverjüngung in Form von massenhaft aus Samen entstehenden Jungbuchen, die bald den gesamten Waldboden bedecken und schnell wachsen sollen. Und das gelingt zunächst auch. Denn durch die Auflichtungen im Wald wird den verbliebenen Elternbäumen sozusagen das Sorgerecht entzogen. Das einzige Mittel zur Erziehung ihres Nachwuchses, den wohldosierten Lichtmangel, gibt es schlagartig nicht mehr. Dadurch wachsen alle kleinen Buchen ungebremst und rasch nach oben. Ist die gesamte Waldfläche dermaßen begrünt, beginnt das Fällen der restlichen Buchen; ein Prozess, der sich in der Regel über weitere 10 bis 20 Jahre erstreckt. Mehr Zeit möchte man sich nicht mehr lassen, denn die Buche neigt im Alter dazu, das Holz der innersten Jahresringe im Stamm rötlich einzufärben. Dieses rote Holz ist unmodern und bei Holzhändlern nicht gerne gesehen. Der Preis für derartig farbiges Holz ist vergleichsweise gering. Ab einem Buchenalter von 150 Jahren tritt das Phänomen so häufig auf, dass die Bäume schnell gefällt werden, solange sie noch einen guten Preis erzielen. In der Mitte des Lebens ist also für 99 Prozent aller Buchen das Ende der Fahnenstange erreicht. Und da Alter und natürlicher Tod aus unseren Wäldern auf diese Art verbannt werden, gibt es auch für die Tiere und Pflanzen, die an alte Buchen gekoppelt sind, wenig Hoffnung. Viele dieser Geschöpfe finden ihren Namen mittlerweile auf der „Roten Liste" der vom Aussterben bedrohten Arten.

Der Rest der alten Buchen unseres Beispielwaldes wird im Zuge der weiteren Bewirtschaftung gefällt. Was uns Menschen langsam vorkommt, ist für Buchen eine katastrophal schnelle Veränderung. Manchmal lassen die Förster aus Naturschutzgründen einzelne Altbäume stehen. Diese letzten Mohikaner sollen wie im Urwald altern können, aber genau das geht ja gar nicht mehr. Ihres kompletten sozialen Umfeldes beraubt, kränkeln die verbliebenen Exemplare so stark, dass sie nach zwei bis drei Jahrzehnten dem Rest der Bäume in den Tod folgen. Zu diesem Zeitpunkt haben sie mit 190 bis 200 Jahren erst die Hälfte ihres möglichen natürlichen Alters erreicht. Ältere Buchen findet man daher in Deutschland bis auf ganz wenige Ausnahmen nicht mehr. Und damit auch die vielen Tier- und Pflanzenarten nicht, die nur in alten Buchenwäldern existieren können.

Und nun steht es da, das Buchenwaisenheim. Im Unterschied zu einem menschlichen Waisenheim gibt es bei diesen jungen Buchen niemand mehr, der sie erzieht oder beschützt. So macht zunächst jeder, was er will und wächst einfach drauf los. Nur noch wenige Bäume von schlankem, geradem Wuchs sind zu sehen. Oft verzweigen sich diese Jungbäume planlos und entwickeln breite Jahresringe und damit auch pilzanfälliges Holz. Krumme Stämmchen sind in diesem wilden Kindergarten eher die Regel als die Ausnahme. Aus solchen Bäumchen herangewachsene Wälder haben aber nur einen geringen Nutzwert, krumme Stämme ergeben nun mal keine geraden Bretter. Da auch die Förster diese Entwicklung sehen, wird von Anfang an eingegriffen. Schief gewachsene Bäumchen werden durch Waldarbeiter entfernt. Auch die Vielzahl der plötzlich losschießenden Jungbuchen wird mühsam durch Absägen mit der Motorsäge reduziert, sodass die verbleibenden mehr Platz zum Wachsen haben. Denn schnell soll es gehen. Wo die Natur 200 und mehr Jahre vorgesehen hatte, um aus einer Buchecker eine imposante Altbuche werden zu lassen, soll das Ganze jetzt in 120 Jahren abgeschlossen sein. Zeit ist schließlich Geld, auch in der Forstwirtschaft. Nach Jahrzehnten werden besonders gerade und dicke Exemplare ausgewählt, die fortan alle fünf Jahre gepflegt werden.

Gepflegt heißt, dass ein Nachbarbaum nach dem anderen beseitigt wird, um die Ausgewählten noch schneller dick werden zu lassen. Sozialstrukturen der Bäume untereinander können sich so nicht mehr aufbauen. Wenn die Besten dann endlich erntereif sind, geht das Spiel wieder von vorne los. Naturnahe Waldwirtschaft nennt man diesen Vorgang und suggeriert damit, dass sich dieses Verfahren an natürlichen Vorgängen orientiert. Großflächig hat es aber so etwas in der Natur nie gegeben, im Gegenteil: Ein Buchenwald braucht etwa 500 Jahre, um sich in einem stabilen Gleichgewicht einzupendeln. Dann verändert sich sein Antlitz über lange Zeiträume nicht mehr. Einen gleichzeitigen Verlust von zahlreichen Altbäumen gibt es praktisch nicht. Und obwohl das beschriebene Bewirtschaftungsverfahren wenig mit natürlichen Abläufen zu tun hat, ist es schon das Beste, was staatliche Verwaltungen zu bieten haben. Häufig sieht die Praxis noch ganz anders aus. Der Förster lässt in einem alten Wald viele Bäume fällen, um Licht für zahlreiche junge Buchen am Boden zu bekommen. Aber es kommt ja kein Nachwuchs, aus den bekannten jagdlichen Gründen. Jede Jungbuche wird aufgefressen. Anstatt nun die wahren Ursachen zu benennen, werden solche Altbuchenwälder dann als „verjüngungsmüde" oder „überaltert" bezeichnet, obwohl beides nicht stimmt. Dann wird mit großen Maschinen der Waldboden aufgerissen, um die Bucheckern wie auf einem Acker einzuarbeiten, damit sie besser keimen können und vor Wildschweinen und Rehen geschützt sind; zusätzlich wird das Waldgebiet vollständig eingezäunt. Damit wird nun auch der letzte Rest ungestörten Waldbodens durch den Druck und die

Motorvibration der Maschinen für immer zerstört. Aber mit diesen groben Maßnahmen ist kein junger Buchenwald mehr zu rekonstruieren. Die Zäune werden durch Wildschweine angehoben, sodass auch Rehe durch die Löcher hindurch schlüpfen können. Spätestens nach 10 Jahren, wenn der altersschwache Zaun wieder abgebaut und entsorgt werden muss, kann sich das Wild ungehemmt auf den Baumnachwuchs stürzen. Durch das viele Licht am Boden, jetzt ungenutzt durch Baumsämlinge, wächst allmählich ein Grasteppich, der einen dichten Filz bildet. Gut geschützt vor den Blicken ihrer Feinde können sich Mäuse in hoher Zahl darin ansiedeln. Diese fressen nicht nur Bucheckern, sondern im Winter auch gerne die Rinde der wenigen Bäumchen, die es trotz der widrigen Bedingungen soweit geschafft haben. Ohne Rinde sind sie jedoch zum Tode verurteilt.
Aber auch gegen die Mäuse hat man ein giftiges Rezept. In speziellen Boxen, die nur Mäusen den Eintritt erlauben, werden vergiftete Köder gelegt. Einmal gefressen bewirken sie ein inneres Verbluten der kleinen Nager. Natürlich hilft auch diese brutale Methode nicht richtig weiter, da die Mäuse sich nach Beendigung der Aktion rasch wieder vermehren. Die kahlen Stellen zwischen den wenigen Jungbuchen werden dann mit wildresistenten Nadelbäumen, häufig Fichten, aufgeforstet. Die mehrfach von Rehen befressenen Buchen wachsen nun krumm zwischen den Fichten auf. Diese orientieren sich im Gegensatz zu Laubbäumen nicht am Licht, sondern wachsen immer exakt entgegen der Erdanziehungskraft. Egal ob unter dem Schutz der Elternbäume oder im Freiland, Fichten bringen dem Waldbesitzer also immer schön gerade

Stämme. Da die krummen Buchen keinen Gewinn mehr versprechen, verringert sich ihre Zahl im Laufe der Jahre immer mehr. Man lässt eben lieber gerade Bäume weiter wachsen, die Krummen wandern als Brennholz in den Ofen. Im Laufe der Jahre wandelt sich so der Jungbuchenwald in eine Fichtenplantage.

Dieser Vorgang hat sich in den letzten Jahrzehnten in Deutschland zigfach wiederholt. Und das mit bitterbösen Folgen. Da die derart misshandelten ehemaligen Buchenwälder in jeglicher Hinsicht am Ende waren und damit auch keine finanziell nennenswerten Gewinne abwarfen, galten sie vielfach als wertlos. Die Förster glaubten ihre eigene Propaganda schließlich selbst und attestierten nur den Nadelholzplantagen höchste Renditen. Laubbäume wurden zeitweise sogar als Unkraut angesehen, das bekämpft werden musste. Ein trauriger Höhepunkt war der Einsatz von chemischen Laubholzvernichtungsmitteln, mit denen per Hand, aber auch vom Hubschrauber aus ganze Berghänge totgespritzt wurden, um Nadelbaumanpflanzungen zu erleichtern. Tormona heißt dieses Mittel, welches in ähnlicher Form im Vietnamkrieg unter dem Namen „Agent Orange" eingesetzt wurde[14]. Diesel war das Lösungsmittel, in dem diese Substanz aufgelöst wurde, bevor dann das Gemisch über den Wäldern zum Einsatz kam. Noch heute rosten hier und da die Dieselfässer vor sich hin, stumme Zeugen einer entfesselten Hatz auf Eichen und Buchen. Von dieser Bekämpfung des Laubwaldes hat die Öffentlichkeit seitens der Forstverwaltungen natürlich wenig erfahren. Ob und wie viele chemische Abbauprodukte dieser Gifte noch durch den Naturkreislauf geistern, weiß niemand.

Bis heute gilt die Parole: Ohne einen erheblichen Nadelbaumanteil ist der Wald unrentabel. Und diese Nadelbaumplantagen haben es in sich. Sie sind vergleichbar mit der Massentierhaltung. Viele exakt gleich alte Fichten werden in Reih und Glied gepflanzt und später bei Erreichen eines einheitlichen Durchmessers maschinell geerntet. Sozialbeziehungen, Mutterbäume und ähnliches, vermeintlich verzichtbares Beiwerk fehlen. Die Folge ist, dass aus dem unnatürlich schnellen Wachstum, das ausdrücklich gewünscht wird und durch keine ältere Baumgeneration gebremst wird, eine schlechte Holzqualität resultiert. Pilz- und Bruchanfälligkeit sind daher normal. Geerntet wird mit Großmaschinen. Diese Harvester, zu Deutsch Vollernter, sind riesige Maschinen mit Allradantrieb. Ein hydraulischer Greifarm mit Motorsägen und stachelbesetzten Walzen kennzeichnet sie außen. Innen, in der voll klimatisierten Fahrerkabine, herrscht modernste Computertechnik. Mit lichtstarken Scheinwerfern bestückt, lassen sie auch nach Sonnenuntergang keine Ruhe im Wald aufkommen. Diese Ungetüme packen die Bäume, sägen sie ab, entfernen die Äste und legen die Stammteile am Weg ab. Da solche Maschinen nur etwa zehn Meter Kranreichweite haben, muss, damit jeder Baum erreicht werden kann, alle 20 Meter eine Befahrungsschneise durch den Wald geschlagen werden. Die Harvester üben durch enorm breite Reifen nur noch einen geringen Druck auf den Boden aus. Fahrspuren sieht man daher nicht mehr so oft, jedoch wird durch die Vibration des gewaltigen Motors ein Effekt wie von einer Rüttelwalze erzielt. Das schnelle Zittern bewirkt eine Bodensetzung, der Boden kann auf bis zu zwei Meter Tiefe in seiner Beschaffenheit verändert werden. Luftkanäle und Poren fallen in sich zusammen und die luftabhängigen Lebewesen im Boden ersticken. Das ist der Todesstoß für den alten Buchenwaldboden, denn diese Veränderung lässt sich selbst im Laufe mehrerer Menschenalter nicht mehr rückgängig machen. Für Sie als Waldspaziergänger ist das häufig nicht nachvollziehbar. Die schönen neuen Maschinen hinterlassen keine zerfahrenen Wege, und auf dem malträtierten Boden wachsen Kräuter und sogar wieder Bäume. Allerdings wurzeln diese nur noch sehr flach, weil, von wenigen Arten abgesehen, die Wurzeln ebenfalls Luft brauchen. Und die gibt es ja in größeren Tiefen nicht mehr. Auch die Fähigkeit, Feuchtigkeit zu speichern, lässt enorm nach. Durch die fehlenden Poren kann nach starken Regenfällen das Wasser kaum noch in den Boden eindringen und läuft rasch in die nächsten Bäche ab.

Obwohl diese Prozesse in der Forstwirtschaft wohl bekannt sind, geht der Siegeszug der Maschinen immer weiter. Neuere Modelle mit dem Namen „Königstiger" lassen ahnen, welch wuchtige Konstruktionen auf die Bäume zurollen. Um auch schwerste Altbäume maschinell bearbeiten zu können, werden Greifarm und Fahrerkabine auf Panzergestelle montiert. Das Gesamtgewicht dieser Fahrzeuge liegt bei 50 Tonnen.
Auch Steilhänge, die für Radfahrzeuge bisher als nicht befahrbar galten, werden neuerdings durch Schreitharvester bearbeitet. Das sind Modelle, die statt Rädern mechanische Beine aufweisen und spinnengleich die Hänge erklimmen. Und warum das Ganze? Wissen die Förster nicht um die Zusammenhänge von Bodenbefahrung und Schäden? Sie wis-

sen es. Schon im Studium wird diese Problematik thematisiert. Maschinen arbeiten allerdings ein paar Euro billiger als Menschen und Pferde. Ein Harvester ersetzt mehr als 10 Waldarbeiter. Bilanziert man allerdings die Schäden, so schneidet der beschriebene Maschineneinsatz deutlich schlechter ab. Diese Bodenschäden wirken sich jedoch erst nach Jahrzehnten durch schlechteren Wuchs der Bäume finanziell für den Forstbetrieb aus; bis dahin ist der verantwortliche Förster aber längst in Rente. Vorher muss er freilich Jahr für Jahr vor Stadt- und Gemeinderäten Rede und Antwort stehen; schneidet der von ihm geleitete Forstbetrieb finanziell schlecht ab, wie es die meisten in Deutschland tun, gibt es Ärger. Und da es viel einfacher ist, durch Inkaufnahme der beschriebenen Schäden den Betrieb in schwarze Zahlen zu bringen, als sich langfristig mit der Jagdfrage und den überhöhten Wildbeständen auseinanderzusetzen, wählen viele den einfachen Weg. Einige Förster ordnen zwar Maschineneinsätze an, können sich das dadurch entstehende Elend aber nicht ansehen, weil sie sonst nicht mehr ruhig schlafen könnten. Also unterlassen sie die eigentlich notwendigen Kontrollen, und die Maschinenfahrer halten sich vielfach noch nicht einmal an die ökologischen Minimalstandards, die wenigstens das Einhalten der 20 Meter auseinander liegenden, fünf Meter breiten Befahrungsschneisen gebieten. Ohne Aufsicht wird dann einfach kreuz und quer gefahren und nicht nur 25 Prozent der Fläche, sondern der gesamte Waldboden schwer geschädigt. Gewiss gibt es einige Forstbetriebe, die gleich Inseln im Sturm noch Pferde und Waldarbeiter einsetzen. Das sind auch in der Regel diejenigen, die noch ordentlich Geld mit ihrem Wald verdienen.

Denn bei solch langen Zeiträumen, die Bäume zum Wachsen brauchen, ist das Wirtschaften nach kompromisslosen ökologischen Kriterien gleichzeitig auch ökonomisch der erfolgreichere Weg. Für die Mehrzahl der Wälder sehen die Forstverwaltungen diese schonende Behandlung leider nicht mehr vor. Die Umstellung auf echte ökologische Bewirtschaftung wäre den meisten Forstbeamten vielleicht zu unruhig. Ständige Überzeugungsarbeit bei Stadträten, heftige Auseinandersetzungen mit Jagdpächtern, und dann auch noch arbeitsaufwendiger Waldarbeiter- und Pferdeeinsatz: Da wäre die ein oder andere Überstunde und so manch schlaflose Nacht fällig.

Etikettenschwindel

Ein paar Worte zum Thema Ökologie bzw. „Unordnung im Wald". Mit einigem Aufwand haben Forstverwaltungen über viele Jahre versucht, den unordentlichen Wald als ökologisch gut zu verkaufen. Unordentlich, was ist das eigentlich? Übertragen hieße das ja beispielsweise, dass dort jemand sein Zimmer nicht aufgeräumt hat. Na ja, in gewisser Weise ist das ja auch so. Das Zimmer, den Wald, haben der Förster und seine Mitarbeiter nach der Holzfällung so hinterlassen, dass hier und da Stücke von Holzstämmen herumliegen, dort sich abgesägte Baumkronen türmen, und an vielen Stellen dicke Äste sowie Reisig, das man zum Vermodern liegen gelassen hat. Garniert wird das Ganze noch mit den breiten schlammigen Fahrspuren der Forstmaschinen. Und das alles soll gut, bzw. ökologisch in Ordnung sein? Nun, zunächst ist es schon richtig, nicht benötigte Holzteile im Wald zu belassen. Es gibt sowieso schon viel zu wenig abgestorbene Stämme, die den auf sie spezialisierten Arten ein Zuhause bieten. Waren im Urwald noch 20000 Kubikmeter totes Holz pro Quadratkilometer vorhanden (das entspricht 1000 großen Bäumen), so sind es in unseren Forsten nur noch etwa 200 Kubikmeter. Und zwar nicht in Form ganzer Bäume, sondern meist nur als Äste und Baumstümpfe. Also sind zusätzlich belassene Holzreste grundsätzlich gut. Aber das Unaufgeräumte signalisiert trotzdem, dass da etwas nicht stimmt. In einem Urwald sieht es eben nicht aus wie „Kraut und Rüben". Trotz der erheblich höheren Menge an Totholz wirkt er im Gegenteil eher ordentlich, denn die abgestorbenen Baumteile liegen und stehen größtenteils als ganze Stämme im Wald; dünnes Reisig, Äste und sperrige Kronen findet man nur in geringfügigem Maße. In einem Urwald passiert sehr wenig, die Zeit scheint stehen zu bleiben. Ganz selten stirbt einmal eine Buche ab, und ihre Äste werden von Pilzen meist noch am stehenden Baum zersetzt. Auf der Erde findet sich daher nur vereinzelt Reisig. Der dicke Stamm, häufig noch so standhaft, dass er auch Jahrzehnte nach dem Absterben des Baumes nicht umfällt, braucht anschließend bis zu 100 Jahre, um zu vermodern. Über solch lange Zeiträume sammelt sich dennoch eine große Menge toten Holzes an. Da aber gleichzeitig ständiges Dämmerlicht herrscht, gibt es am Boden kaum Pflanzenbewuchs, höchstens hier und da eine Gruppe von Jungbuchen im Wartestand. Die moderne industrielle Bewirtschaftung dagegen hinterlässt neben Bergen von Baumkronen auch geöffnete Wälder. Durch die Fällungen vieler Bäume gleichzeitig kommt so viel Licht auf den Boden, dass Kräuter und Sträucher, die vom Wild nicht gefressen werden, das Ruder übernehmen. Der Wald verbuscht und wird für Spaziergänger undurchdringlich. Es ist also anders, als uns die Gleichsetzung unordentlich = ökologisch einreden möchte, denn Urwälder sind recht gut zu belaufen, während bewirtschaftete Forste teilweise unpassierbar werden.

Zurück zum Urwald?

Gibt es einen Weg zurück zum Urwald? Vorweg das Fazit: Den alten Buchenwald gibt es so schnell nicht mehr wieder. Natürlich kann man aus Nadelwald wieder Laubwald machen. Eine der plumpen Methoden ist sogar in manchem Nationalpark, beispielsweise dem Nationalpark Eifel, zu bewundern. Die Nadelholzplantagen werden hektarweise gefällt und auf den entstandenen Kahlschlägen dann Buche oder Eiche gepflanzt. So einfach kann man aber leider kein großartiges Ökosystem kopieren. Das geht schon mit dem Kahlschlag los. Etwa 100 Jahre braucht der Boden, um sich von dieser brutalen Aktion zu erholen. Nach der Entfernung sämtlicher Bäume brennt die Sonne ungehindert auf die vormals beschattete Fläche. Durch diese ungewohnte Wärme setzen die Bodenlebewesen Nadeln, Blätter und Humus in wenigen Jahren um und zerlegen sie in ihre Grundbestandteile. Da außer wenigen Kräutern keine Großabnehmer, vor allem Bäume, mehr zur Verfügung stehen, sausen diese Nährstoffe mit dem Regenwasser ungebremst in tiefere Bodenschichten und verschwinden dort unerreichbar für alle Pflanzen. Unter diesen Nährstoffen ist auch Nitrat, welches, im Grundwasser angekommen, problematisch für das Trinkwasser werden kann. Für zukünftige Bäume steht das reiche Angebot des Bodens also nicht mehr zur Verfügung. Aber auch die Lebewesen im Untergrund leiden. Ihre Umwelt verändert sich durch Temperatur- und Feuchtigkeitsschwankungen so stark, dass viele damit nicht mehr fertig werden und lokal aussterben. So zum Beispiel bestimmte Laufkäferarten. Deren Namen rührt daher, dass sie, ähnlich wie der Vogel Strauß, nicht mehr fliegen, sondern nur noch laufen. Allerdings gibt es einen entscheidenden Unterschied. Während der Strauß gerne durch die sengende Sonne Afrikas spaziert, mögen das einige Käferarten gar nicht. Sie bewegen sich nur im Schatten. Selbst ein Waldweg ist durch die Tatsache, dass dort keine Schatten spendenden Bäume stehen, schon zu hell für diese Insekten. Es ist nicht schwer zu ahnen, welche Katastrophe das plötzliche Fehlen aller Bäume ihres Lebensraumes für sie bedeutet. Manch ein Naturschützer findet solche Kahlschläge sogar begrüßenswert, weil Arten, die sonst eher in der Steppe zu finden sind, nun diese „Waldfläche“ besiedeln. Unsere heimischen, oft stark gefährdeten Waldtiere kennen aber solche Kahlflächen von Natur aus gar nicht und verschwinden aus diesen Gebieten. Durch den intensiven Einsatz von Großmaschinen wird der Waldboden bei der Durchführung des Kahlschlages zusätzlich schwer durch die Befahrung geschädigt und verdichtet.

In diese waldfeindliche Umgebung werden nun kleine Laubbäume gepflanzt. Man will ja schließlich wieder ökologisch „in“ sein. Aus einer Baumschule werden tausende von Setzlin-

gen geliefert. Doch hier lauert das nächste Problem, denn Buche ist nicht gleich Buche. Es ist ungefähr so wie beim Hundekauf. Sie träumen von einem Schäferhund, bekommen aber einen Rehpinscher ausgehändigt. Bei Waldbäumen ist dies ähnlich. Es gibt etliche verschiedene Rassen einer Art. Eine Buche des Voralpenlandes unterscheidet sich genetisch deutlich von Buchen der Eifel oder des Sauerlandes. Die Baumschule kauft die benötigten Samen aus speziellen, per Verordnung amtlich anerkannten Saatgutbeständen. Dies sind wenige ausgesuchte Wälder in Deutschland, deren Buchen gute Verwertungseigenschaften haben. Und so landen dann beispielsweise Sämlinge aus dem Westerwald im Hunsrück. So weit ist das noch in Ordnung. Aber wenn diese Buchen in einigen Jahrzehnten selber blühen und sich fortpflanzen, vermischt sich ihr Erbgut mit dem der dort heimischen Bäume. Allmählich verschwindet die Jahrtausende alte Unterart an dieser Stelle. Sie stirbt aus und keiner merkt es! Denn äußerlich gibt es kaum erkennbare Unterschiede. Möglicherweise kommen die fremden Buchen mit ihrer neuen Heimat aber gar nicht so gut zurecht. Das zu beurteilen bleibt den Generationen nach uns vorbehalten.
Die Bäumchen werden also geliefert und von Waldarbeitern gepflanzt. Meist geschieht das mit Hilfe von Hacken, manchmal aber auch mit Maschinen, wobei der Boden schon wieder befahren wird. Und die tapferen kleinen Kerlchen wachsen dann munter drauf los. Allerdings gibt es hier keine Elternbäume mehr, die den Wuchs bremsen, mit den schon geschilderten Folgen. Jahrzehnte später tauchen weitere Probleme auf. Die Bayerische Landesanstalt für Wald und Forstwirt-

schaft hat zur Untersuchung der Wurzeln von gepflanzten Bäumen einige nach 35 Jahren per Bagger wieder ausgegraben. Und siehe da, die Bäume haben sich von der Pflanzung nicht erholt. Die Wurzeln wurden beim Einpflanzen und Andrücken der Erde so gequetscht, dass sie sich nicht natürlich entwickeln konnten. Ein nach allen Seiten stabiles, tief reichendes Wurzelsystem können gepflanzte Bäume nicht mehr aufbauen. Sie kommen an tiefer im Boden vorhandenes Wasser nicht heran, und auch Stürme haben ein leichteres Spiel mit ihnen. Da für unsere Breiten trockenere Sommer und sturmreichere Winter vorhergesagt werden, ist es um die Zukunft dieser rekonstruierten Buchenwälder nicht sehr gut bestellt. Zumindest aber bleibt die Hoffnung, dass sich die Nachfahren dieser Setzlinge, aus Samen entstanden, wieder zu einem natürlichen Wald zusammenfinden können, vorausgesetzt, man lässt sie dann auch in Ruhe.

Die zweitbeste Methode ist die Pflanzung von kleinen Buchen, die man aus den heimischen Wäldern dort ausgräbt, wo sie besonders zahlreich wachsen. Oft liegen dann nur wenige hundert Meter zwischen Ausgraben und Wiedereinpflanzen, sodass die kleinen Bäumchen sich klimatisch nicht umgewöhnen müssen; außerdem gehören sie der örtlichen Buchenrasse an und verfälschen somit nicht deren genetische Ausstattung. Gepflanzt werden die Bäumchen in die bestehenden Fichtenwälder. Diese werden zuvor durch Fällung einzelner Exemplare so weit aufgelichtet, dass in etwa die gleiche Lichtmenge den Boden erreicht wie in einem Buchenurwald. Die Fichten übernehmen nun für rund 50 Jahre die Rolle von

Stiefeltern. Sie können zwar die Mutterbäume nicht ersetzen, auch gibt es keine Wurzelverwachsungen und damit keine Ernährung. Der Schatten, den sie erzeugen, bewirkt jedoch zumindest teilweise Erziehungseffekte wie in einem ursprünglichen Wald.

Die beste, weil urwaldnahe Wirtschaftsform ist der so genannte „Plenterwald"[15]. Hier wachsen alte und junge Bäume gemeinsam auf derselben Fläche und können so ihr Sozialsystem aufrechterhalten. Die Buchen werden sozusagen artgerecht gehalten. Man pflanzt und pflegt nicht, sondern lässt die Mutterbäume in Ruhe gewähren, da diese das deutlich besser und vor allem kostenlos erledigen. Nur hin und wieder wird ein erntereifer Stamm gefällt, ansonsten lässt man die natürlichen Prozesse walten. Der Förster muss sich in solchen Wäldern mehr als Baumhirte und -hüter begreifen, nicht mehr als Verwalter einer Industrielandschaft. Plenterwaldbetriebe gelten als die rentabelsten in Deutschland. Urwaldähnliche Wälder, in denen der Mensch sogar relativ viel Holz nutzen kann, ohne allzu sehr zu stören, das wäre überall in Deutschland möglich. Wichtige Voraussetzung auch hier ist, dass die jagdlichen Verhältnisse in Ordnung sein müssen. Und genau deshalb gibt es dermaßen bewirtschaftete Wälder nur äußerst selten.

Die kahle Wirklichkeit

Von staatlicher Seite gesehen sieht es in Deutschland ganz anders aus. Alle Bundesländer haben Programme aufgelegt, mit denen die „naturnahe“ Waldwirtschaft gefördert werden soll. Die hier beschriebenen Missstände soll es nirgendwo mehr geben. Sanftere Methoden und eine Rückkehr zu mehr Natürlichkeit ist die offizielle Leitlinie. Leider ist auch in punkto Wald nicht immer das drin, was auf der Verpackung steht. Während man die Öffentlichkeit mit schönen Hochglanzbroschüren aus eigenen PR-Abteilungen versorgt, finden jeden Herbst noch etliche große Treibjagden der Forstministerien statt, bei denen dann unter Ausschluss der Öffentlichkeit Jagd auf die sorgsam aufgesparten Herden von Hirschen und Rehen gemacht wird. In geselliger Runde mit guten Freunden aus Politik und Wirtschaft hallt dann so manches „Horrido“ aus den Gaststätten, in denen der Tagesabschuss gefeiert wird. Der Wald draußen vor der Tür kann sich ja nicht wehren.

Um die Bevölkerung vollends von ihren lauteren Absichten zu überzeugen, hängt der eine oder andere „Kahlschlagsförster“ Nistkästen auf. Schön durchnummeriert sind sie ordentlich an Bäumen entlang von Wegen befestigt. Bei Ihrem Waldspaziergang haben Sie vielleicht schon das ein oder andere Mal so etwas gesehen und sich sogar gefreut, was diese netten Menschen alles für den Naturschutz machen. Bei diesen Bruthilfen handelt es sich allerdings in aller Regel um solche für Arten, die sowieso nicht gefährdet sind, beispielsweise Meisen, Kleiber und Baumläufer. Für seltene Arten, etwa den Schwarzspecht, gibt es keine Kästen. Er nimmt nur große, alte und dicke Buchen, in denen er ungestört seine Höhle einmeißeln darf. Da dies aber den Baum entwertet, denn Holz mit Löchern verkauft sich nicht so gut, lassen viele Förster derartige Bäume schon bei Höhlenbaubeginn durch den Specht fällen. Sie dem Specht zu überlassen, können oder möchten sie sich nicht leisten. Die billigeren Nistkästen am Wegesrand sind alles, was der Natur zugestanden wird. Und das Ganze hat noch einen gewissen Marketing-Vorteil: Einmal im Jahr gibt es eine Reinigungsaktion, bei der Ortsansässige, am besten Schüler, diese Notwohnungen säubern. Jetzt noch schnell die örtliche Tageszeitung dazubestellt, und schon hat man preiswert eine schöne Darstellung in der Öffentlichkeit. Apropos Öffentlichkeit. Bis heute versuchen die Forstbehörden aller Bundesländer die Waldbewirtschaftung als Walderhaltungsmaßnahme zu verkaufen. Nach dem Motto: „Nur die Pflege und Bewirtschaftung durch die Forstverwaltungen garantiert, dass der Wald als Holzlieferant, Wasserspeicher, Erholungsort für die Bevölkerung und Garant für saubere Luft erhalten bleibt." Das stimmt so nicht, wie Sie jetzt sicher nachvollziehen können. Einzig das Wirtschaftsargument bleibt. Holz ist, sofern die Wälder naturverträglich bewirtschaftet werden, ein nachwachsender Rohstoff, der zumindest ein wenig fossile Brennstoffe ersetzen kann. Dass der Wald in Deutschland mit allen ökologischen Funktionen aber erhalten bleiben kann, wenn er derart misshandelt wird, kann man nur einer schlecht informierten Öffentlichkeit weismachen.

Ein besonders trauriges und beschämendes Ereignis war die Zeit nach dem Orkan „Kyrill" im Jahr 2007. Diese sogenannte Naturkatastrophe war in Wahrheit gar keine. Die rasenden Winde warfen ganz überwiegend Fichtenplantagen um; halbwegs natürliche Buchen- und Eichenwälder waren weniger betroffen. In schöner Regelmäßigkeit wiederholen sich solche Sturmschäden etwa alle 10 bis 20 Jahre und gehören damit zu Fichtenplantagen wie der Donner zum Blitz. Da das Ganze aber unter „Naturkatastrophe“ firmiert, gibt es dicke staatliche Subventionen beim Wiederaufbau der Industriewälder. Kyrill offenbarte aber noch etwas ganz anderes. Die vielfach versprochene Wende im Wald Richtung Öko-Forstwirtschaft ist nichts als eine große Farce. Quadratkilometerweise wurde der Waldboden bei der Aufarbeitung der gefallenen Bäume von Großmaschinen platt gefahren; an Befahrungsschneisen brauchten sich die Fahrer in den meisten Fällen nicht mehr halten. „Ist halt eine Ausnahmesituation.“ war die Antwort der verantwortlichen Förster. Dabei gilt als eiserner Satz für den Waldboden: Einmal befahren – für immer geschädigt. Und weil man schon dabei war, die Regeln zu brechen, wurde auch gleich noch zur Giftspritze gegriffen. „Borkenkäfer“ hieß das große Schreckgespenst. Manche dieser kleinen Käfer befallen frisch gefällte Fichten und vermehren sich in der Rinde massenhaft. Gibt es sonst nichts mehr zu beißen, gehen sie auch an noch lebende, aber schwächelnde Nadelbäume und bringen diese endgültig zum Absterben. Eine andere Art bohrt kleine Gänge ins Holz, um dort ihre Nachkommen aufzuziehen. Beides ist betriebswirtschaftlich gesehen unerwünscht. Auf am Wegesrand liegende Fichtenstämme wurden daher Kontaktinsektizide aufgebracht. Das sind Substanzen, die bei bloßem Kontakt, spätestens aber beim Fraß der Käfer an der Rinde, tödlich wirken. Die Firmen werben mit der monatelang unvermindert anhaltenden Giftigkeit, die auch kein noch so heftiger Regenguss zu trüben vermag. Gleichzeitig wird selbstverständlich die allgemeine Harmlosigkeit dieser Mittel versichert. Das Ausbringen der Insektizide erfolgte mit Hochdruckspritzen, sodass der Sprühnebel über Kilometer abdriften konnte. In allen von Kyrill betroffenen Gebieten, in denen größere Mengen an Fichten umgefallen waren, wurde entsprechend heftig gespritzt. Eine Kennzeichnungspflicht für so behandeltes Holz gab es nicht, sodass sicher der eine oder andere vergnügte Wanderer sein Mittagsbrot auf den so romantisch anmutenden Holzstapeln im Wald verzehrte. Guten Appetit!

Um das Maß vollzumachen, legte das vom Orkan besonders betroffene Nordrhein-Westfalen ein Subventionsprogramm auf, mit dem die Wiederbewaldung der geschädigten Flächen mit Nadelhölzern in den nächsten Jahren unterstützt werden soll. Damit wurde die Chance vertan, jetzt endlich die Weichen in Richtung Laubwald zu stellen.
Aber auch ohne Sturmschäden versinken die Wälder im Giftnebel. Mecklenburg-Vorpommerns staatliche Forstverwaltung beispielsweise verkündete im August 2007 stolz in Fachkreisen, man habe die Schädlingssituation in einer riesigen Kiefernplantage unter Kontrolle. Auf 28 Quadratkilometern wurden dazu Insektizide per Hubschrauber ausgebracht, darunter dasselbe Fabrikat, welches gegen Borkenkäfer zum Einsatz kommt. Dass neben den gefürchteten Kiefernspannern auch zahlreiche andere Arten den Tod fanden, wird nicht erwähnt[16].

Die Umweltschutzorganisation BUND bündelte im Juli 2009 Berichte über die Beeinträchtigungen von Schutzgebieten durch Forstverwaltungen in einem „Schwarzbuch Wald“. Ob Nutzung von Totholz für Kraftwerke, Beseitigung von Fledermaushöhlen oder der rasche Kahlschlag von Waldgebieten kurz vor deren Unterschutzstellung, die Liste der Waldzerstörungen war lang. Die Forstlobby reagierte – mit der Feststellung, dies alles seien lediglich Ausnahmen von der ansonsten vorbildlichen Waldbewirtschaftung.

Kann man da dann überhaupt noch guten Gewissens Holzprodukte kaufen? Klare Antwort: Ja! Dieses sollte jedoch aus ökologisch wirtschaftenden Betrieben stammen. Allerdings ist auch dann die Holznutzung kein Beitrag gegen die Klimaerwärmung, wie es uns Holz- und Forstindustrie glauben machen wollen.

Auf den ersten Blick leuchtet deren Erklärung ja durchaus ein: Beim Wachsen entnimmt der Baum unserer Luft CO_2 (Kohlendioxid), dem die Hauptverantwortung an der Klimaerwärmung zugeschrieben wird, und baut daraus sein Holz auf. Nutzt man dieses zum Beispiel als Brennholz, wird exakt dieselbe Menge CO_2 wieder frei, die der Baum einst eingelagert hat. Ist der Betrieb ökologisch orientiert, wächst an seiner Stelle schon wieder der nächste Baum heran, der ebenfalls CO_2 aufnimmt. Und so geht das munter weiter, ohne dass der Holzverbrauch die Atmosphäre belastet. Ungenutzte Wälder wären demnach ewige Kreisläufe von Werden und Vergehen. Und da das im Wald verbleibende Holz nach dem Tod der Bäume von Bakterien und Pilzen zersetzt wird, würden durch diese Verrottungsprozesse die Klimagase ohne jeglichen Nutzen freigesetzt. Dann wäre es doch besser, wir nutzten statt Öl und Gas so viel Brennholz wie möglich, oder?

„CarboEurope", ein europäischer Verbund von Universitäten und Forschungseinrichtungen, kommt zu einem ganz anderen Ergebnis[17]. Wälder sind nach der im November 2008 veröffentlichten Studie keineswegs Kreisläufe, sondern lagern auch in hohem Alter fortwährend CO_2 ein. Abgestorbene Bäume werden nicht vollständig abgebaut, ihr Kohlenstoff verbleibt in Form von Humus jahrhundertelang im Boden. Der gleiche Mechanismus ist übrigens für den Aufbau der fossilen Rohstoffe verantwortlich.

Sobald jedoch forstwirtschaftliche Nutzung stattfindet, gelangt das gespeicherte CO_2 in Form von Holznutzung und -verbrennung, aber auch durch Ausgasung der Bodenvorräte wieder in die Atmosphäre. Aus einem ehemals gigantischen CO_2-Staubsauger wird durch Bewirtschaftung ein Kreislauf, der das aufgenommene Klimagas immer wieder zurückgibt – insofern stimmt die Aussage der Forstwirtschaft. Doch die Differenz zwischen der ursprünglichen Speicherfunktion heimischer Urwälder und dem künstlichen Kreislauf der Forstwirtschaft lässt sich berechnen. Das Ergebnis: Holz schneidet hinsichtlich der CO_2-Bilanz nicht besser ab als Erdgas. Waldnutzung sei angewandter Klimaschutz – nichts weiter als ein modernes Märchen.

Dennoch ist Holznutzung nichts Verwerfliches, solange der Rohstoff aus naturgemäß wirtschaftenden Betrieben, idealerweise aus den zuvor beschriebenen Plenterwäldern, stammt. Solche Wälder können die gleichen Mengen an Holz bereitstellen wie ein Plantagenbetrieb, Holzmangel wird also durch ökologische Bewirtschaftung nicht auftreten. Und auch wenn das Klimaschutzargument selbst hier entfällt, werden zumindest die meisten Belange des Naturschutzes abgedeckt. Das ist mehr, als man von den meisten anderen Rohstoffen behaupten kann.

Bei Ihren eigenen Holzkäufen sollten Sie auf das weltweit existierende Ökosiegel „FSC“ (Forest-Stewardship-Council[18]) achten. Es wird von vielen namhaften Umweltverbänden unterstützt und attestiert, dass die wichtigsten ökologischen, aber auch sozialen Aspekte, beispielsweise Rechte indigener Völker, eine Krankenversicherung für Arbeiter sowie die Einhaltung der Unfallverhütungsbestimmungen bei der Holzgewinnung eingehalten wurden.

Beamte in Lodengrün

Die dargestellten Vorgänge lassen zweifeln. Wenn die Situation selbst für Sie als Waldspaziergänger eindeutig nachvollziehbar ist, warum ändern dann Förster und Forstverwaltungen nichts an diesen Zuständen? Dazu hilft ein Blick auf die Entstehungsgeschichte der grünen Zunft. Die Ursprünge liegen einmal mehr in der Jagd. Im Mittelalter war der Wald neben seiner Eigenschaft als Holzlieferant exklusiver Jagdspielplatz des Adels, und damit niemand ungestört und ungestraft wildern konnte, wachten die „Forestarii“ über Reh und Hirsch. Rekrutiert wurde dieses Personal bis nach dem Ersten Weltkrieg aus den Reihen altgedienter Soldaten. Jagd stand im Mittelpunkt des Handelns; die Nutzung und der Schutz des Waldes entwickelte sich als Betätigungsfeld nur langsam. Freiwerdende Forststellen wurden vom Vater auf den Sohn vererbt, eine Praxis, die stellenweise bis Ende des 20. Jahrhunderts beibehalten wurde, wenn auch inoffiziell. Die militärische Hierarchie fand sich in den Forstverwaltungen wieder. Auch äußerlich dokumentierte eine Uniform mit Rangabzeichen die Herkunft. Im Dritten Reich verpasste Hermann Göring den Förstern eine grün gefärbte Luftwaffenbekleidung, die in einigen Bundesländern in modifizierter Form bis heute getragen wird. Zwar haben viele Forstverwaltungen mittlerweile moderne Mitarbeiterbekleidungen eingeführt, die in ihrer Fleece- und GoreTex-Optik Bürgernähe demonstrieren sollen, jedoch kann der erforderliche Wandel in der Behandlung des Waldes mit dem neuen Äußeren nicht Schritt halten.

So gibt es immer noch Forstämter, in denen die Hirschbrunft mehr gilt, als eine ordnungsgemäße Waldbewirtschaftung. Kein Wunder, prägt doch die Aussicht auf kostenlose, staatlich geförderte Jagdmöglichkeit bis heute den Berufswunsch einiger Studenten. Ein Blick in die Amtsstube so manchen Forstamtsleiters untermauert dies. Zahlreiche Hirsch- und Rehgeweihe sowie Wildschweinfelle lassen kaum noch die Tapete zum Vorschein kommen. Und die alte militärische Hierarchie lebt, wenn auch inoffiziell, in einigen Ämtern weiter. Zunächst kommt als ranghöchster Beamter der Forstamtsleiter. Ihm unterstehen die Revierförster, Angestellten und Waldarbeiter. Hier und da gesellt sich noch ein Inspektoranwärter, ein Förster in Ausbildung und auch ein Praktikant dazu. Angestellte gelten grundsätzlich weniger als die beamteten Förster, das zeigt sich auch bei der Einladung zu Dienstbesprechungen. Revierleiter werden grundsätzlich, Ange-

stellte nur wenn unbedingt nötig eingeladen. Der Teamgedanke breitet sich in diesen Strukturen nur mühsam aus. Fest angestelltes Personal zur Gebäudereinigung vermisst man auf offiziellen Veranstaltungen vollständig. Undenkbar, dass man auch diesen Personenkreis am Informationsfluss teilhaben lässt. Ein Aha-Erlebnis war während meiner Ausbildung in den 80er Jahren ein Hochsitzbau im Staatswald. Der Forstamtsleiter hatte für diesen Fall folgendes Personal einbestellt: Eine Forststudentin, einen Dienstanfänger, einen Arbeiter und mich als Inspektoranwärter. Vier Personen also, in verschiedenen Stadien der forstlichen Ausbildung. Unterste Stufe war der Arbeiter, der die schweren Stämme als Stütze für den Hochsitz aufrichten musste. Der Dienstanfänger, der ein praktisches Ausbildungsjahr auf dem Weg zum Revierförster absolvierte, war zusammen mit der Studentin für das Zusammennageln des Hochsitzes aus den bereitgestellten Brettern zuständig. Ich als Inspektoranwärter, immerhin schon ein Beamter auf Widerruf im verwaltungsinternen Studium, hatte in 50 Meter Entfernung darauf zu achten, dass alles schön gerade wurde. Der Forstamtsleiter schließlich betrachtete das Geschehen vom Rande aus und rief hier und da Anweisungen zu.
In diesen verkrusteten Strukturen, mit Beamten, die teilweise lebenslang dieselbe Stelle nicht nur mit ihrer Person, sondern auch mit ihren Ansichten besetzen, sind Veränderungen nur im Schneckentempo möglich. Auch wenn Minister und Leiter von Forstabteilungen Handlungsbedarf erkennen, so versickern ihre üppig sprudelnden Erlasse und Verordnungen auf dem Weg durch das Verwaltungsgeflecht zu einem schmalen Rinnsal. Eingaben und Anträge engagierter Förster erleiden

beim umgekehrten Weg dasselbe Schicksal, sodass sich im Laufe eines Berufslebens Motivation in Frust verwandelt. Und deshalb stehen unsere Wälder trotz moderner Gesetzgebung noch immer im Plantagenstand und warten auf Veränderung.

Schutzgebiete

Allmählich dämmert es den Verantwortlichen, dass Deutschland eine besondere Verantwortung für Buchenwälder hat. Es wird auch langsam Zeit! Einigermaßen natürliche Waldgebiete mit intaktem Boden, auf dem noch keine Maschinen wüteten, mit halbwegs alten, gesunden Buchen gibt es nur noch auf deutlich unter ein Prozent der Waldfläche. Da wirkt es schon ein wenig anmaßend, wenn wir mit dem ausgestreckten Zeigefinger auf Länder wie Brasilien oder Indonesien zeigen, weil diese ihre Urwälder ständig weiter dezimieren. Natürlich ist es erschütternd, in welchem Ausmaß Holzeinschlag und Brandrodung diese Schätze der Natur vernichten, und auch ich hoffe mit Bangen, dass die dortigen Verantwortlichen noch in letzter Sekunde das Ruder herumreißen. Noch gibt es dort Millionen von Quadratkilometern Urwald. Ganz im Gegensatz zu Deutschland. Hier gibt es keinen mehr. Keinen Quadratmeter! Und trotzdem schauen wir bei unserer Kritik am Umgang mit den Wäldern stets ins Ausland und nicht vor die eigene Haustür. Selbst im Schulunterricht liegt der Schwerpunkt der Themen bei Wäldern in der Dritten Welt. Das hat einen gewaltigen Vorteil. Die ganze Problematik ist sehr weit weg, und unmittelbar etwas tun kann

man ja nicht. Dabei sind diese Länder noch weit entfernt von dem, was wir bereits hinter uns haben: Hundertprozentige Urwaldvernichtung.
Es gibt hierzu eine schöne Anekdote. Klaus Töpfer, vor 25 Jahren Umweltminister, flog mit einem Kollegen aus dem südostasiatischen Raum im Regierungshubschrauber zu einem Termin in Bonn. Herr Töpfer hat sich damals (und auch heute noch) stets hochengagiert für Umweltbelange eingesetzt. Während die beiden so über die deutsche Landschaft flogen, zogen unter ihnen natürlich auch Wälder vorbei. Von oben konnte man die schachbrettartig angelegten Fichtenplantagen sehr gut sehen. Der Staatsgast, zuvor noch gut gelaunt, wurde immer missmutiger und beschwerte sich schließlich, weil er sah, dass die guten Ratschläge für sein eigenes Land hier in Deutschland mit Füßen getreten werden.

Aber wird nicht auch hierzulande etwas getan? Da wären etwa die Naturschutzgebiete. Als Laie könnte man meinen, dass hier die Natur geschützt würde. Da Deutschland zu über 90 Prozent von Buchenurwäldern bedeckt war, müsste eigentlich eine stattliche Zahl an Naturschutzgebieten die Buchenwälder schützen. Das ist, wie Sie vielleicht aus eigener Erfahrung wissen, nicht so. Ein bezeichnendes Beispiel ist die Lüneburger Heide. Bis um das Jahr 1000 war die Gegend, von kleinen Siedlungen abgesehen, bewaldet. Durch die Ausdehnung der Landwirtschaft und starke Holznutzungen fiel der Wald den Äxten der Bevölkerung zum Opfer. Jahrhundertelange Nutzung ohne Düngung ließ den Boden in Bezug auf Nährstoffe völlig verarmen. Er eignete sich schließlich nur noch als

Schafweide. Die typische Heidelandschaft war entstanden und viele Tier- und Pflanzenarten der Steppe wanderten in diese neuen Lebensräume ein. Die Lüneburger Heide ist heute ein wichtiges Erholungsgebiet und wurde schon vor dem Zweiten Weltkrieg unter Naturschutz gestellt. Da meint man doch als Laie, dass jetzt die Natur ihren Lauf nehmen kann, oder? Nein, weit gefehlt! Würde man das nämlich tun, käme der Wald zurück. Und genau das möchten die Verantwortlichen gerade nicht. Die Heidelandschaft soll geschützt werden. Also fällt man alle Bäumchen, welche sich aus Samen entwickeln, die Wind oder Vögel herbeitragen, schnell wieder. Schafherden, staatlich subventioniert, weiden alles andere soweit ab, dass Heidekraut und Wacholderbüsche die Oberhand behalten. Um Missverständnissen vorzubeugen: Ich bin nicht dagegen, so etwas in der Heide zu machen. Schließlich ist es eine wunderschöne Landschaft. Aber dann sollte man das Areal besser „Kulturschutzgebiet“ nennen, damit die Bevölkerung, für die das Ganze ja schließlich veranstaltet wird, diese Maßnahmen nachvollziehen kann.
Es gibt allerdings auch besondere Waldnaturschutzgebiete, in denen speziell die Buche geschützt werden soll. Ordnungsgemäße Forstwirtschaft nach den Bestimmungen der Landesforstgesetze ist dort aber häufig erlaubt, und so wird der Buchenwald vielfach genauso misshandelt wie in den ungeschützten Gebieten.

Wenn Naturschutzgebiete wenig Schutz bieten, wie sieht es dann mit anderen Schutzkategorien aus? Eine vom Ansatz her gute Sache sind die Nationalparks. Nach amerikanischem

Vorbild angelegt, gibt es mittlerweile 14 solcher Schutzgebiete in Deutschland. Das Ziel ist, neben Erholungsmöglichkeiten für die Bevölkerung zu bieten und Forschung zu ermöglichen, der Schutz natürlicher Prozesse. Hier also darf die Natur endlich das machen, was sie will. Und das ist, wenn man sie wirklich lässt, überwiegend Wald! Mehrere Nationalparks, so zum Beispiel Eifel, Kellerwald und Hainich, haben die Förderung und den Erhalt der Buchenwälder sogar ausdrücklich als Schutzziel festgeschrieben. Nach den internationalen Richtlinien muss die Natur auf mindestens 75 Prozent der Fläche freien Lauf bekommen. Die restlichen 25 Prozent kann der Mensch für seine Aktivitäten, so beispielsweise touristische Einrichtungen, weiter beanspruchen. Ein fairer Kompromiss. Aber den Großteil der deutschen Nationalparks lässt man noch nicht so weit von der Leine. Die meisten sind erst so genannte „Zielnationalparks". Bis zu 30 Jahren Zeit möchte man sich dort noch lassen, bis die Natur ungestört walten darf. Häufig stehen dann doch Jagd- und Forstinteressen im Wege. Harz und Eifel sind Beispiele für Gebiete, in denen immer noch riesige Herden Hirsche vorkommen und eine natürliche Wiederbewaldung mit Laubbäumen verhindern. Und die ehemaligen Forstbediensteten, jetzt Nationalparkmitarbeiter, haben manchmal so ihre Schwierigkeiten, den einst betreuten Wald einfach aus den Händen zu geben. Im Jahre 2006 wurde von Umweltverbänden moniert, dass im Nationalpark auf Rügen Laubbäume gefällt und Wildschneisen mit Wildfütterungen angelegt worden sind. Daraufhin wurde dem Land Mecklenburg-Vorpommern das FSC-Ökosiegel für umweltverträgliche Waldbewirtschaftung zeitweise entzogen. Konsequenzen der Nationalparkverwaltung: Fehlanzeige! Nachdem das Siegel wegen illegalem Holzeinschlag und überhöhten Wildbeständen ein weiteres Mal entzogen wurde, gerieten vor allem die Förster des Parks in die Schlagzeilen. Im Dezember 2008 zog dann der Landtag Mecklenburg-Vorpommerns die Notbremse. Leider nicht im Sinne der Natur. Denn um die negativen Pressemeldungen für die touristisch bedeutsame Region zu vermeiden, beschlossen die Abgeordneten, auf das Ökosiegel und die damit verbundenen Überprüfungen zu verzichten.

Aber auch andernorts tun sich Forstverantwortliche schwer, der Natur einfach zuzusehen. Schließlich haben sie über ihr gesamtes Berufsleben stets nach dem Grundsatz gehandelt, dass der Wald in allen Altersphasen bearbeitet werden muss, um weiter zu existieren. Entwicklungspläne sollen helfen, schnell wieder natürliche Buchenwälder herzuzaubern. Dazu werden Nadelwälder kahl geschlagen, Buchen gepflanzt und wegen der zu hohen Wildbestände mit einem Zaun versehen. Das könnte die Natur alleine besser, aber es gibt noch einen anderen Grund. Das Holz aus den Kahlschlägen kann prima verkauft und die Bilanzen von Forstverwaltung und Gemeinde kurzfristig verbessert werden.

Besser geführt ist da der Nationalpark „Bayerischer Wald“. In großen Bereichen lässt man dort tatsächlich das natürliche Spiel der Kräfte walten. Die Entscheider vor Ort haben erreicht, dass sie vielfach nichts mehr tun. Natürlich nur in Bezug auf Eingriffe in die Natur, ansonsten sind sie fleißige Leute. Und was passiert dort? Als Erstes fliegen die Fichten raus. Auch der Bayerische Wald ist ursprünglich größtenteils ein Laubwaldgebiet. Also schüttelt die Natur die Fichten ab wie ein Hund lästige Flöhe. Denn diesen ist es dort, wie fast überall in Deutschland, zu warm und zu trocken. Borkenkäfer haben leichtes Spiel mit den ständig latent kranken Nadelbäumen und bringen so ganze Wälder zum Absterben. Unter den toten Stämmen findet sich rasch ein buntes Sammelsurium von heimischen Baumarten, darunter auch viele Laubbäume. Aber nun tauchen die Probleme auf. Die an den Park grenzenden Waldbauern befürchten, dass die Borkenkäfer, die sich in den absterbenden Fichten prächtig vermehren und im Park nicht mehr bekämpft werden, sich anschließend auf ihre Plantagen ausbreiten. Und die Bevölkerung beschwert sich auch. Der schöne Bergwald sieht auf einmal traurig und hässlich aus; überall nur abgestorbene Bäume. Dabei ist er einer der ganz wenigen Flecken in unserem Land, auf dem wir die Natur bei ihrem ungestörten Treiben zurück zum Urwald beobachten können. Man kann dem dortigen Nationalparkteam und den bayrischen Politikern nur eisernen Durchhaltewillen wünschen.

Und auch für die anderen Parks muss man nicht so schwarzsehen. Noch ist zwar einiges im Argen, aber die Natur hat Zeit, und Menschen ändern sich oder gehen. Der erste Schritt ist jedenfalls gemacht, und wenn auch noch einiges zu tun oder besser zu lassen ist, so stehen die Weichen für diese Gebiete doch in Richtung Urwald.

Eine letzte für den Wald interessante Kategorie von Schutzgebieten gibt es aber noch: Das Totalreservat. Meist ist die Fläche sehr klein, aber wie der Name schon sagt, steht sie unter Totalschutz. Außer Wissenschaftlern ist niemandem der

Zutritt erlaubt, und Eingriffe aller Art sind strengstens untersagt. Diese kleinen Schutzgebiete, oft nur ein Zehntel Quadratkilometer groß, sind teilweise schon seit 100 Jahren unbewirtschaftet und daher auf dem besten Weg, wieder zum Urwald zu werden.

An dieser Stelle noch ein Wort zur Größe von Nationalpark und Co. Die Größeren unter ihnen nehmen um die 250 Quadratkilometer Fläche ein. Kommt Ihnen das groß vor? Wir wollen mal einen Blick auf die Reviergrößen wild lebender Tiere werfen.
Ein Fuchs benötigt etwa einen Quadratkilometer, die europäische Wildkatze dagegen schon drei bis sieben Quadratkilometer. Ein europäischer Braunbär à la Bruno braucht 25 Quadratkilometer; der Luchs, in einigen Gegenden Deutschlands frisch wieder angesiedelt, kommt mit 100 Quadratkilometern zurecht, und der Wolf etwa ab 200 Quadratkilometer. Die Zahlen gelten pro Tier, beim Wolf pro Rudel à 5 Tieren. Natürlich überlappen sich die Reviere, und damit steigt auch die mögliche Anzahl der Tiere pro Quadratkilometer an. Wenn man aber berücksichtigt, dass ein überlebensfähiges Vorkommen einer Tierart erst ab etwa 100 bis 400 Exemplaren möglich wird, können Sie sich vielleicht vorstellen, wie viel Platz man benötigt, um nur eine Art unter Schutz zu stellen. Angesichts dieses Platzbedarfs nehmen sich unsere Schutzgebiete wie viel zu kleine Rettungsinseln aus. Und für einen ursprünglichen Buchenwald sind diese Tiere unverzichtbar. In unserem dicht besiedelten Land gibt es aber keine derartig großen, ungestörten Gebiete mehr. Dennoch haben die

genannten Arten eine Chance. Länder wie Spanien, Italien und der Schweiz, aber auch Norwegen und Schweden machen es vor. Im ländlichen Raum, inmitten von Wiesen und menschlich genutzten Wäldern, fühlen diese Tiere sich wohl, wenn man sie nur lässt. Im Konfliktfall, also wenn ein Haustier getötet wird, gibt es großzügige staatliche Entschädigung. Aber es ist leider viel einfacher, ein paar Euros zur Rettung der Berggorillas in Ruanda zu spenden, als sich hierzulande für die Rückkehr und den Schutz der heimischen Raubtiere einzusetzen.

Die Sache mit dem Waldsterben

Anfang der 80er Jahre machte ein Schreckgespenst die Runde: Deutschlands Wälder sterben! Kränkelten zunächst nur Tannen und Fichten, sah man bald alle anderen Baumarten betroffen. Rasch schossen sich die Medien auf das Thema ein. Umweltverbände überschlugen sich mit Meldungen über den Untergang des Waldes. Es schien schließlich festzustehen, dass wir in einer nicht allzu fernen Zukunft in einer entwaldeten, kahlen Landschaft dahinvegetieren würden. Auf der anderen Seite traten Lobbyisten bestimmter Industriezweige auf, voller Sorge, dass sich verschärfende Umweltauflagen ihre Unternehmen gefährden könnten. Sie wollten erst einmal alles untersuchen und zunächst keinerlei Verantwortung des Menschen für diese Vorgänge gelten lassen. Schließlich zeichnete sich ab, dass Abgase aus Industrie, Haushalten und Automobilen ursächlich für die Waldschäden waren. Der öffentliche

Druck auf die Politik wuchs, und so wurde trotz heftiger Proteste der Autoindustrie der Katalysator eingeführt. Auch die Luftreinhaltebestimmungen für Industrieanlagen verschärfte man. Der Gipfel: Wälder wurden massenhaft gekalkt. Dazu schwirrten Hubschrauber über die geschädigten Forste und streuten aus angehängten Metallbehältern gemahlene Kalksteine über die Landschaft. Die sollten die durch sauren Regen eingetragenen Schadstoffe für etwa 10 Jahre binden.
Und so beruhigte sich das öffentliche Gewissen wieder.
Da die Meldungen der Vergangenheit offensichtlich völlig überzogen waren, ist das Waldsterben heutzutage in den Medien kaum noch präsent. Der Wald steht schließlich allen Unkenrufen zum Trotz immer noch, wenn auch gesundheitlich angeschlagen. Auch wenn die Hysterie der achtziger Jahre immerhin eine Verbesserung der Luftqualität bewirkt hat, so verhindert der schale Nachgeschmack ein Wiederaufleben der Diskussion. Das Waldsterben, ein Begriff, den man besser in „Walderkrankung“ überführen sollte, gibt es nämlich immer noch, es schreitet nur deutlich langsamer voran, als damals prognostiziert.
Vielleicht ist es Zeit für eine Erklärung von „Waldsterben“. Eigentlich ist das ein Begriff, der belegt, dass man vieles nicht wusste und bis heute nicht weiß. Denn der Wald wird durch eine ganze Reihe unterschiedlichster Dinge geschädigt. Natürlich sind auch Abgase daran beteiligt. Ein weiterer wesentlicher Faktor ist die Gülleausbringung der Landwirtschaft. Diese Flüssigfäkalien setzen beim Aussprühen über Wiesen und Felder viel gasförmiges Ammoniak frei, welches mit dem Wind auch in die Wälder weht. Die daraus resultierenden

Stickstoffverbindungen wirken ätzend, aber auch düngend. Ironischerweise wächst der geschädigte Wald dadurch schneller, so viel schneller, dass die amtlichen Schätztafeln zum Waldwachstum neuerdings überarbeitet werden mussten. Es ist allerdings ein ungesundes Wachstum, welches die Bäume schwächt. Denn von Natur aus hat jeder von ihnen nur begrenzte Energie zur Verfügung, die zum einen Teil für den Wuchs, zum anderen Teil zur Abwehr von Krankheiten und Insekten eingesetzt wird. Die Düngung durch Luftschadstoffe regt die Bäume zu rascherem Wachstum an. Dadurch wird die Energiebalance gestört, und erhöhte Anfälligkeit beispielsweise gegen Pilzbefall ist die Folge. Trockene Sommer, die im Rahmen des sich ändernden Klimas möglicherweise immer häufiger werden, geben den aus dem Takt gekommenen Waldriesen den Rest; sich noch vor dem Herbst gelb verfärbende, herabfallende Blätter künden von Schwäche und Krankheit. Aber das Schlimmste kommt erst noch: Der Boden, Ausgangspunkt allen Lebens, ist in höchster Gefahr. Die im Regen gelösten sauren Schadstoffe zerstören ab einem gewissen Quantum kleinste Strukturen, die für die Nährstoffspeicherung unerlässlich sind. Einmal ruiniert, lassen sie sich nicht mehr wiederherstellen. In der Folge werden viele Nährstoffe ausgewaschen und die einst fruchtbare Erde verarmt dauerhaft. Einige der in Symbiose mit den Bäumen lebenden Pilze, von großer Bedeutung für die Wasserversorgung, können in versauerten Böden nicht überleben und verabschieden sich ins Nirwana. Schlecht für die Buchen! Und wenn eine Buche noch schnell für Nachwuchs sorgen möchte, kann sie nicht sicher sein, das Ziel zu erreichen. Zwar gelingt häufig noch eine sogenannte Notblüte, bei der alle verfügbaren Kräfte in die Produktion von Bucheckern gelenkt werden. Fallen diese dann zu Boden und keimen im Frühling, spielen sich kleine Dramen unter der Laubschicht ab. Vergeblich müht sich die Wurzel des Keimlings, in den Boden zu kommen. Ist dieser zu sauer, zieht sie sich erschrocken zurück und versucht es nochmals. Leider sieht es bei weiteren Versuchen nicht besser aus. Währenddessen wächst oben schon das erste Blattpaar. Da die Wurzel keinen Halt findet, kippt die kleine Buche schließlich um und vertrocknet. Um diese Zustände zu verhindern oder zu mildern, wird schon seit 20 Jahren Kalk per Hubschrauber in die Wälder geflogen. Kalk wirkt gegen Säure, das lernt man schon in der Schule. Aber wie so oft funktioniert die Natur nicht nach einem solch einfachen Schema, denn häufig wird mit der Berieselung durch den Hubschrauber nur ein schnellerer Abbau des Humus erreicht. Vom Humus, den Ausscheidungen von Kleinstlebewesen und Pilzen, die tote Pflanzenteile fressen, leben die Bäume. Und Humus speichert wesentlich mehr Wasser als einfache Erde. Durch Kalk werden Bodenorganismen angeregt, den Humus abzubauen, sodass dieser verschwindet. Es gibt anschließend deutlich weniger Nährstoffe, und der Boden speichert weniger Wasser. Und falls im Zuge des Klimawandels die Sommer immer trockener werden, kann sich die Situation in derart behandelten Wäldern dramatisch zuspitzen.

Humusabbau ist gleichzusetzen mit CO_2-Freisetzung, der Bodenspeicher wird in Bezug auf seine Kohlenstoffvorräte durch Waldkalkungen regelrecht geplündert. Umso erstaunlicher ist, dass ein beträchtlicher Teil der öffentlichen Gelder für diese Maßnahmen aus dem Emissionshandel stammt, Gelder, die Deutschland für die Speicherfunktion seiner Wälder erhält.

Eine natürliche Möglichkeit, den gestörten Säurehaushalt des Bodens wieder ins Lot zu bringen, wäre neben der Rückkehr zur ökologischen Waldbewirtschaftung im Allgemeinen eine spezielle Baumart im Besonderen: Die Vogelbeere. Sie nutzt den Kalk, den der säurehaltige Niederschlag in tiefere Bodenschichten spült, und fördert ihn mit ihren Wurzeln nach oben zum Einbau in ihre Blätter. Mit dem Blattfall im Herbst gelangt der Kalk also wieder in den Oberboden, wo er vor der Luftverschmutzung war. Leider wird diese Möglichkeit selten realisiert, und es finden sich fast nirgends in den heimischen Wäldern ausgewachsene Vogelbeeren, was eine Folge des schon diskutierten Jagdproblems ist.

Somit kann man unter dem Begriff „Waldsterben" ein Kränkeln der Wälder verstehen, welches verschiedene Ursachen hat, die aber alle durch menschliche Aktivitäten verursacht werden.

Achten Sie bei Ihrem nächsten Waldspaziergang doch mal darauf, ob Sie kranke Bäume erkennen können. Bei Nadelbäumen ist es ein sicherer Hinweis, wenn Sie den Stamm bis zur Spitze des Baumes sehen können. Normalerweise ist die Baumkrone so dicht benadelt, dass Sie nicht ins Innere blicken können. Laubbäume reagieren neben einem teilweisen Verlust der Blätter mit dem Absterben dünner Äste ganz oben. Dort ist normalerweise die vitalste Zone; hier werden jedes Jahr neue Äste gebildet. Je mehr tote Ästchen, desto schlechter geht es dem Baum.

Die Zukunft der Buche

Werden die verbliebenen Buchenwälder eine Zukunft haben? Breiten sie sich gar wieder weiter aus? Viele von uns Menschen beeinflussbare Faktoren spielen dabei eine Rolle. Ganz zentral stellt sich die Frage, wie weit die Klimaveränderung gehen wird.

Vielen von uns fallen Veränderungen auf. Die Winter werden immer milder; wo wir als Kinder noch Schlitten fuhren, blühen im Februar schon die ersten Blumen. Im Sommer ist es häufiger heiß und trocken, und wenn es regnet, dann sintflutartig. Natürlich hat es das auch schon früher gegeben, und es gibt auch immer wieder Ausnahmejahre, in denen das Wetter anders ausfällt. Denken Sie an das Jahr 2003, in dem eine nie da gewesene Hitzewelle mit monatelanger Dürre ganze Landstriche verdorren ließ. Auch die Waldböden trockneten so stark aus, dass sie zwei Jahre später noch nicht wieder vollständig durchfeuchtet waren. Alle Baumarten, ganz besonders aber die Fichte, hatten schwer zu kämpfen. Auf großen Flächen verloren Nadelbäume den Kampf gegen Dürre und Borkenkäfer und starben. Auffällig war, dass halbwegs natürlich aufgebaute Buchenwälder diese Hitzewelle ohne nennenswerte Schäden überstanden. Nach einem trockenen Juli 2006 setzte ein ebenso trockener April 2007 der Natur zu. Der Waldboden, eben im Begriff, die 2003 verlorenen Wasserreserven wieder nachzutanken, wurde wieder zurückgeworfen. Die Empfindlichkeit der Wälder in Bezug auf Trockenperioden steigt also stetig an, während diese immer häufiger zu werden scheinen. Die Bayerische Landesanstalt für Wald und Forstwirtschaft beispielsweise ist der Auffassung, dass uns solche Hitzemonate künftig regelmäßig und noch heftiger betreffen werden. Als Konsequenz daraus wird die Fichte in Bayern in den nächsten Jahrzehnten großflächig verschwinden; sie hält das trocken-heiße Klima einfach nicht aus. Bei Szenarien, die von einer Erhöhung der Jahresdurchschnittstemperatur um zwei bis vier Grad bis Ende des Jahrhunderts ausgehen, werden sich unsere Fichtenplantagen nicht nur in Bayern verabschieden, sondern deutschlandweit. Und die Buche? Nach neuester Forschung scheint sie relativ gut gerüstet zu sein. Sie war auch bisher eine der bestangepassten Baumarten für unsere Heimat; da das natürliche Verbreitungsgebiet von Südfrankreich bis nach Südschweden reicht, kann sie alle dortigen Klimazonen besiedeln. Und wenn nun zum Beispiel südfranzösisches Klima zu uns kommt, wird sie diese Umstellung nach aktuellem Stand wahrscheinlich auch am besten verkraften.

Neben dem Einwirken auf die Klimaveränderung bleiben aber auch andere Hausaufgaben. Die Luft ist leider immer noch nicht so sauber, wie die Wälder sie brauchen. Im Gefolge des verunreinigten Regens versauern auch die Böden. Die Forstwirtschaft setzt trotz aller Lippenbekenntnisse weiterhin auf Nadelholzplantagen mit maschineller Ernte und massiver Bodenbefahrung. Und durch Holzimporte läuft man allzeit Gefahr, fremde Organismen einzuschleppen, die der Buche ans Leder wollen. Holzkisten, in denen in großem Umfang Ware in deutschen Seehäfen eintrifft, beherbergen des Öfteren Insektenlarven oder Pilzsporen. Eine Behandlung mit

Chemikalien oder Hitze, wie sie eigentlich für das Ursprungsland vorgeschrieben ist, wird häufig aus Kostengründen nicht durchgeführt. Immer wieder fischt daher der Zoll bei Stichproben Holzverpackungen aus dem Warenstrom, die blinde Passagiere beherbergen. Leider können diese Kontrollen nicht alle Verpackungshölzer erfassen. Einige Baumarten, wie die Ulme, mussten schon einen hohen Preis bezahlen. Der heimische Ulmensplintkäfer wurde mit einem aus Asien eingeschleppten Pilz infiziert. Bohrt der Käfer nun ein Loch in die Ulmenrinde, kann der Pilz im Schlepptau des Käfers das Holz befallen. Das wuchernde Pilzgewebe erstickt schließlich den Baum. Die Ulme, einst weit verbreitet, ist heute vom Aussterben bedroht.
Aktuell macht ein Laubholz-Bockkäfer, mit Verpackungskisten aus China importiert, von sich reden. Riesige Gänge raspelt er in Ahorn, Kastanien, Birken und Pappeln. Die Bäume brechen und sterben anschließend ab. Noch konnten die ersten Invasionen im Raum Bonn eingedämmt werden, doch angesichts des immer intensiver werdenden globalen Handels ist es nur eine Frage der Zeit, bis sich die nächste Art in Deutschland eine neue Heimat sucht.
Und was ist mit den Forstverwaltungen? Auf diesem Sektor gibt es eher weiteres Unheil zu vermelden. Durch den steigenden Bedarf an Bioenergie ist das wenige Totholz, welches bisher im Wald belassen wurde, der Begehrlichkeit von Brennholzsammlern ausgesetzt. Die Situation der auf solche Lebensräume angewiesenen Arten ist also alarmierender denn je. Und der Biomasseboom, staatlich angeheizt ob seines vermeintlichen Beitrags zur CO_2-Minderung im Energiesektor,

lässt weitere Verwertungsideen erblühen. Statt ökologisch ausgewogen zu wirtschaften und aus gesunden Wäldern reichen Holzertrag zu ziehen, soll aus den Plantagen nun auch der letzte Ast genutzt werden. Die Folgen sind fatal. Da Wald nicht wie ein Acker gedüngt wird, verlieren die Böden immer mehr Nährstoffe, bis sie völlig ausgelaugt sind. Den Startschuss für diese Nutzung gab der Sturm „Kyrill“ im Januar 2007. Über 50 Millionen umgekippte Bäume hinterließ der Orkan, tausende von Quadratkilometern Wald waren verwüstet. Unter dem Vorwand, die Flächen aufräumen zu müssen, ließen Forstverwaltungen von Bayern bis Niedersachsen sogenannte Reisigbündler über die Flächen rollen. Das sind riesige Maschinen, die sich Kronen und Äste greifen und mittels einer Bündeleinrichtung zu drei Meter langen Rollen pressen. Diese werden dann im nächstgelegenen Biomassekraftwerk verheizt. Und wo man schon dabei war, die ökologischen Standards abzusenken, setzte man gleich noch eins drauf: In Nordrhein-Westfalen riss ein baggerähnlicher „Woodcracker“ auf etlichen Parzellen anschließend selbst noch die Baumstümpfe heraus, die als Brennmaterial an den Stromkonzern RWE verkauft wurden.

Aber das war noch nicht der Tiefpunkt der Entwicklung. Nach der gewaltsamen Entnahme der gesamten Biomasse wurden Pilotprojekte ins Leben gerufen. Dazu zerfräste ein Traktor den Boden flächig (und befuhr ihn nebenbei zu 100 Prozent). Was anschließend aussah wie ein Salatbeet, diente nun zur Bepflanzung mit Weiden- oder Pappelstecklingen. Aus dem Wald war eine Kurzumtriebsplantage geworden. Alle fünf bis zehn Jahre rollt nun ein Schredder über die Schösslinge und

zerhackt sie zu kleinen Spänen, die zur Verfeuerung in Biomassekraftwerken oder zur Herstellung von Holzpellets vorgesehen sind. Aus den Wurzeln treiben die Bäumchen wieder aus, so dass sich das Spiel ständig wiederholen kann. Eine flächige Befahrung mit der entsprechenden Bodenzerstörung sowie ein Insektizideinsatz zum Schutz der Monokulturen sind bei Kurzumtriebsplantagen selbstverständlich.
So werden Kronen und Äste, Wurzelstöcke und Späne aus Weiden und Pappeln zu Ökostrom, der ob seiner vermeintlichen Umweltfreundlichkeit stark subventioniert wird, wodurch eine regelrechte Goldgräberstimmung in der Branche herrscht. Spätestens jetzt unterscheidet den ehemaligen Wald nichts mehr von einem intensiv bewirtschafteten Maisacker.
Schwere Zeiten kommen also auf den Wald und die Buchen zu.

Zum Schluss

Vielleicht kommen auch Sie zu dem Schluss, dass es gar nicht gut aussieht in den Wäldern Ihrer Heimat. Es muss demnach dringend etwas geschehen. Nur was und wie? Nehmen wir ein Beispiel: Sie sind Bewohner der Stadt XY. Die Stadt XY besitzt einen Stadtwald. Der Stadtrat und die Stadtverwaltung betreuen den Wald für die Bürger, also auch in Ihrem Auftrag. Und wenn Ihnen nicht gefällt, was in Ihrem Namen in Ihrem Wald passiert, sollten Sie zunächst einmal zu einer öffentlichen Ratssitzung gehen, bei der auf der Tagesordnung Waldthemen behandelt werden. So wird zum Beispiel einmal im Jahr ein Forstwirtschaftsplan verabschiedet, in der Regel im Herbst, wobei sämtliche Maßnahmen für den Wald besprochen und beschlossen werden. Dort erhalten Sie einen ersten Einblick. Ein weiterer Schritt ist ein Gespräch mit dem Förster, der Ihren Wald betreut. Er wird von Ihren Steuergeldern dafür bezahlt, den Wald im Rahmen der bestehenden Gesetze nach den Wünschen der Bevölkerung zu bewirtschaften. Sind Sie dann noch nicht zufrieden, bleibt der Weg der Eingabe an den Stadtrat oder das persönliche Gespräch mit Politikern und Parteien vor Ort. Und glauben Sie nicht, Sie könnten nichts erreichen! Es ist für Stadtrat und Förster nur relativ ungewohnt, dass sich Bürger für lästige „Detailfragen" interessieren.

Falls Sie nicht nur Anteilseigner am öffentlichen Wald, sondern selbst Besitzer eines Wiesen- oder Waldgrundstückes sind, sind Sie per Gesetz Mitglied in einer Jagdgenossenschaft, sofern Ihre zusammenhängende Fläche einen dreiviertel Quadratkilometer nicht übersteigt. Diese Jagdgenossenschaft verwaltet das Jagdrecht, welches an Grund und Boden gebunden ist, für alle Flächenbesitzer gemeinsam. Das Stimmrecht bei Entscheidungen wird je nach Grundstücksgröße gewichtet. Abgestimmt wird darüber, ob, an wen und zu welchen Bedingungen das Jagdrecht verpachtet wird. Hier nehmen Sie also ganz direkt Einfluss auf das jagdliche Treiben im Wald Ihrer Umgebung.

In diesem Buch wurde Ihnen einiges aus dem Leben von Buchen berichtet, vor allem aber über unseren Umgang mit ihnen. Vielleicht sieht es an manchen Stellen aus wie eine Generalabrechnung mit Jägern und Forstverwaltungen. Da ich selber Förster bin, muss auch ich mich in diese Kategorie rechnen. Doch ich hoffe, ich konnte dazu beitragen, dass Sie, der eigentliche Waldbesitzer, darüber informiert sind, wie in Ihrem Namen das wichtigste Naturerbe verwaltet wird.

Es gibt keine Veranlassung, allzu besorgt in die Zukunft zu blicken. Gewiss, es zeichnen sich dunkle Wolken am Himmel unserer Umwelt ab. Dennoch gab es für den Einzelnen noch nie so viele Möglichkeiten, politische Prozesse zu beeinflussen, wie heute. Grund zur Besorgnis gibt es nur dann, wenn diese Möglichkeiten nicht genutzt werden.

Wenn Ihnen Schutz und Wohl der Wälder am Herzen liegen, tragen Sie dazu bei, dass die grünen Lungen unseres Landes wieder zu Perlen der Landschaft werden. Noch ist es nicht zu spät, die Buchen auf ihrer Rückkehr in weite Teile ihrer ursprünglichen Heimat zu unterstützen.

Mit den besten Wünschen für eine waldreiche Zukunft

Ihr
Peter Wohlleben

Anmerkungen

[1] Zimmermann, Ullrich et al. (2002): What are the driving forces for water lifting in the xylem conduit? Physiologia Plantarum 3/2002, S. 327–335

[2] Boland, Wilhelm (2007): Wehrhafte Pflanzen: Abwehr und Kommunikation mit Düften, in: Labor & more, 1/2007, S.34–39

[3] Emery, NJ (2004): Are corvids ‚feathered apes'? Cognitive evolution in crows, jays, rooks and jackdaws. in: Watanabe, Comparative Analysis of Minds, Tokyo

[4] Boland, Wilhelm (2007): Wehrhafte Pflanzen : Abwehr und Kommunikation mit Düften, in: Labor & more 1/2007, S.34–39

[5] Dugatkin, Lee Alan (2003): Homebody Bees and Bullying Chimps, in: cerebrum 2/2003, S. 10

[6] Clayton, Nicola S./Dickson, Anthony(1998): Episodic-like memory during cache recovery by scrub jays, in: nature 395/1998, S. 272–274

[7] Meister, Georg/Offenberger, Monika (2004): Die Zeit des Waldes, Frankfurt a. M.

[8] Pro Quadratkilometer verfaulen in einem Fichtenwald jährlich bis zu 800 Kubikmeter Holz. Bei einem Wert von 75 Euro pro Kubikmeter sind dies 60.000 Euro.

[9] Deutscher Jagdschutz-Verband e. V.(2007): Wolfabschuss verurteilt, in: AFZ-Der Wald 18/2007, S. 1004

[10] Nachweise sind mittlerweile schwierig. Unter starkem öffentlichem Druck verkünden die Verwaltungen in der Tagespresse positive Nachrichten. So soll der Staatsforstbetrieb in Rheinland-Pfalz im Jahr 2006 drei Millionen Euro Überschuss erwirtschaftet haben. In Wahrheit benötigte allein die Forstverwaltung dieses kleineren Bundeslandes 70 Millionen Euro aus Steuergeldern, um über die Runden zu kommen. Der Überschuss errechnet sich nur dann, wenn man große Ausgabenblöcke einfach nicht berücksichtigt.

[11] Im Jahre 2005 wurden nach Angaben des Gesamtverbandes der deutschen Versicherungswirtschaft e. V. 224.595 Wildunfälle bei den KFZ-Versicherern gemeldet

[12] Hespeler, Bruno (1995): Raubwild heute, München/Wien/Zürich

[13] Bundesamt für Naturschutz (2007): Europäische Buchenwaldinitiative, BfN-Skripten 222, Bonn-Bad Godesberg

[14] Wellenstein, Gustav (1975): Biologische und öko-toxikologische Probleme bei einer Flug-Begiftung unserer Wälder mit Derivaten der Phenoxyessigsäure, in: plant foods for human nutrition 1/1975, S. 1–20

[15] Auch Plänterwald geschrieben

[16] Ministerium für Landwirtschaft, Umwelt und Verbraucherschutz Mecklenburg-Vorpommern (2007): Kiefernspanner bekämpft, in: AFZ 17/2007, S. 948

[17] Schulze, E.-Detlef et al. (2008): CarboEurope-IP. An Assessment of the European Terrestrial Carbon Balance, Jena, November 2008, S. 16-21

[18] Die deutsche Arbeitsgruppe des Forest Stewardship Council, sinngemäß „Weltforstrat", ist zu finden unter www.fsc-deutschland.de